洋経済

脱炭素 待ったなし

週刊東洋経済 eビジネス新書 No.354

脱炭素 待ったなし

本書は、東洋経済新報社刊『週刊東洋経済』２０２０年8月1日号より抜粋、加筆修正のうえ制作しています。情報は底本編集当時のものです。（標準読了時間　９０分）

脱炭素　待ったなし　目次

・破局回避にはCO2の大幅削減が必要だ！……1
・INTERVIEW　IHSマークイット副会長　ダニエル・ヤーギン……4
　・「創造的破壊に備えよ」……4
・石油・ガス企業の瀬戸際……12
・「非効率石炭発電」退場の衝撃……24
・コロナ禍を脱炭素で克服……38
・鉄鋼が挑む脱炭素の壁……46
・政策頼みのEVシフト……54
・動き始めた洋上風力……61
・INTERVIEW　「日本政府の目標設定に期待」……73
・水素とアンモニアに脚光……76
・欧州が野心的な水素戦略に着手した……86

・INTERVIEW　「現実味乏しい電源構成は実態に即した見直しを」……89
・東電と東ガスが真っ向勝負……93
・INTERVIEW　「水力と洋上風力を柱に数兆円の投資を実施へ」……99
・INTERVIEW　日本経済団体連合会会長・中西宏明……103
・「日本企業も脱炭素に本腰　電力に投資呼び込む必要」……103

「グリーンリカバリー」

破局回避にはCO2の大幅削減が必要だ！

「数十年に一度」のはずの記録的豪雨や巨大台風が毎年のように襲い来る。その一因と考えられているのが地球温暖化だ。

二酸化炭素（CO2）など、温室効果ガスの排出量が今のペースで増え続ければ、世界の平均気温は産業革命前と比べ最大で3・9度上昇する――。国連環境計画の指摘だ。その気温に到達する前に、自然災害の頻度は桁違いに高まり、干ばつや大洪水が全世界に及ぶ。

そうした破局的な事態を回避するには、石油や石炭など化石燃料に依存したわれわれの経済活動や消費の中身を抜本的に見直す必要がある。「脱炭素」といわれる取り組みが求められるゆえんだ。

新型コロナウイルスによるパンデミックは、世界経済を深刻な不況に陥れた。どん底からの経済復興では、脱炭素化を実現する再生可能エネルギーや水素への投資を柱に据えようという「グリーンリカバリー」の機運が世界規模で盛り上がっている。

その動きをリードするのは欧州連合（EU）だ。2020年7月8日、大胆な「水素戦略」を打ち出し、世界を驚かせた。2050年までに「グリーン水素」へ、累積で1800億～4700億ユーロ（約22兆～57兆円）の投資が行われ、新たに100万人分の雇用を生み出すという。

脱炭素化の機運は日本でも高まり始めた。電力会社や大手商社が洋上風力発電など再エネへの投資を本格化。脱炭素エネルギーを求める企業の声が強まっている。

コロナ禍により、石油や石炭、天然ガスの需要は軒並み落ち込んでいる。だが、再エネだけは拡大を続けると国際エネルギー機関は予想する。構造転換は着実に進んでいる。脱炭素の潮流を理解し、自らを変革できた企業だけが生き残る。

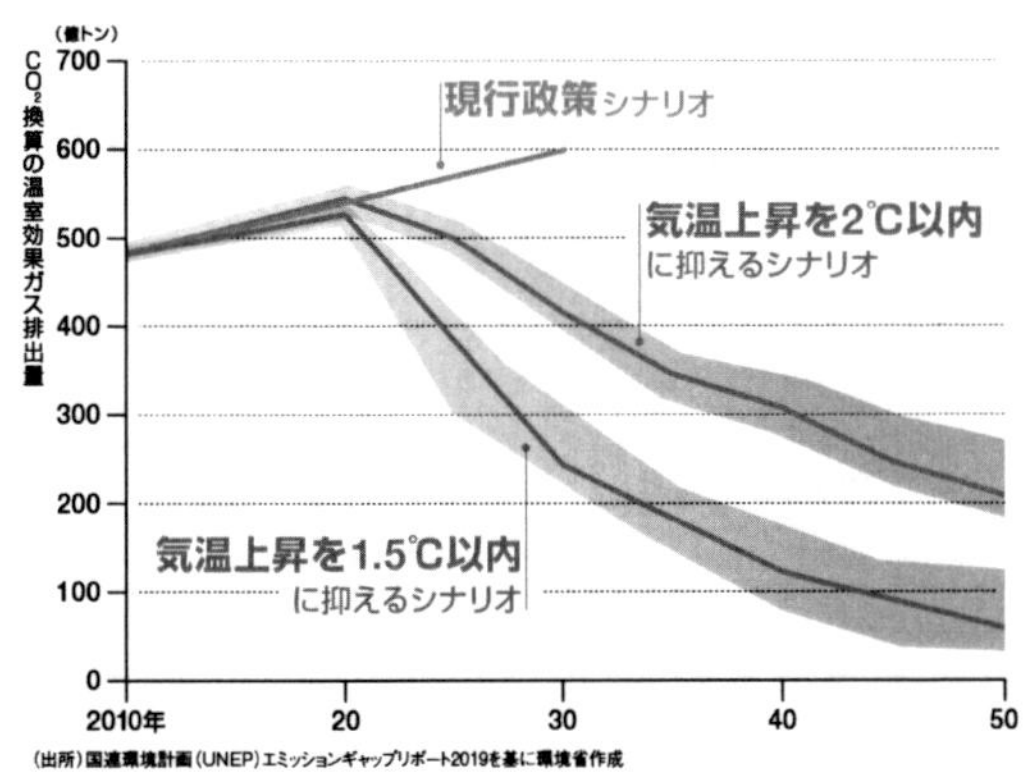

(出所)国連環境計画(UNEP)エミッションギャップリポート2019を基に環境省作成

「創造的破壊に備えよ」

ＩＨＳマークイット副会長　ダニエル・ヤーギン

コロナショックで大混乱した世界のエネルギー情勢。今後、どのような未来が待ち構えるのか。石油の時代は終焉となるのか。米ピュリツァー賞を受賞した『石油の世紀』の著者で、エネルギー問題の世界的権威であるダニエル・ヤーギン氏に聞いた。

──新型コロナが世界のエネルギー市場に与える影響を歴史的な見地からどう見ますか。

過去にも需給バランスの崩れによる石油・天然ガス価格の急落はあったが、２０２０年４～５月に起こったような価格の崩落はかつてなかった。それは、パンデミックによって政府が経済活動の大半をシャットダウンした結果であった。

今後、石油・ガス市場に何が起こるかは、まさにウイルスによって決められる。つまり、感染第1波がいつ終わるのか、第2波があるのかどうか、いつ医療面の解決策がもたらされるかによる。

現時点では、2020年の石油需要は19年の日量平均1億0100万バレルに対し、約9000万バレルと見込む。19年の水準に戻るには2〜3年かかるだろう。

世界の石油・ガス業界の経営者たちは、コロナ禍の厳しい経営環境に対処すると同時に、コロナ後のエネルギー市場の変化と気候変動の課題にどう適応していくかに照準を合わせている。

――欧州系石油メジャーが宣言したように、2050年までの温暖化ガス排出量ネット(実質)ゼロ目標は石油・ガス業界にとって不可避となったのでしょうか。

不可避とまでは言わない。一部の企業は50年までのネットゼロを目標として導入した。一方で、ネットゼロが達成可能なのかを確信できない企業もある。大きな課題は、実際にどうやってネットゼロを達成するか。その道筋はまだ明らかになっていない。

需要ピークは30年代半ば

――脱炭素経済への移行が産油国に与える影響は。

問題は、マーケットを維持するうえで誰が最も効率的で競争力があるかだ。私の新著では、気候変動がより重視される世界における、石油輸出国の挑戦にも焦点を当てている。

現在は減少しているものの、石油の需要は30年代半ばぐらいまでは増大が続くと予想している。だが今後、OPEC(石油輸出国機構)の間では、石油への過度の依存を改め、経済を多様化する動きが高まってくるのは間違いない。ロシアも多様化の必要があるが、経済改革は多難が続くだろう。

米国はシェールオイルによって世界最大の産油国となった。米国での石油生産は

21年にかけて減少し、その後は非常に緩やかなペースとはいえ、回復に向かうだろう。だが、シェールの生産者は、懐疑的になった投資家の信用を取り戻さなくてはならない。同時に、二酸化炭素（CO2）排出を削減できることを示す必要がある。

――石油需要は30年代半ばにピークを迎える可能性が高いと。

そうだ。需要のピークは30年代半ばに来る可能性が最も高い。その時点から石油の消費は減少し始めるが、急激に減るとは考えていない。トレンド的に減少に向かうということだ。

――業界再編の行方は。

石油メジャーは20年の投資予算を25～30%カットし、独立系の大手は平均約50%の削減を決めている。その影響は、今後3～4年内に需要が再び増大したときに明らかになる。

独立系大手の石油・ガス企業の間で合併が起こることは間違いないだろう。各社は事業再構築や事業売却だけでなく、デジタル化と操業自動化を図っている。石油メジャーの一部は、電力事業の強化による「エネルギー企業」への転換を志向している。

――再生可能エネルギーやクリーン技術の将来をどう見ますか。

パリ協定の目標達成に向けて、再エネの成長期待は膨大だ。IHSマークイットは必要量を定量化しようとしているが、その数値は巨大なものとなるだろう。

しかし、サプライチェーンに対する再エネ利用の要求についてはあまり理解されていない。私が言うサプライチェーンはあらゆる投入物を意味する。風力発電用タービンや太陽光パネル設備、蓄電池、電気自動車の製造に使われる鉱物類も含む。コロナ禍は、既存のサプライチェーンのリスクと規模拡充の必要性に対する意識を高めた。

新技術には多くの事業機会がある。今後役割が増大するとみられる3つの必須技術は、水素、蓄電池、そしてCO2の回収・貯留だ。

日本は新技術で役割

──米中対立は激化しています。

米中間の新たな冷戦は、南シナ海問題の見地からいって、エネルギー情勢に重大な意味を持つ。日本の海上貿易にとって極めて深刻な問題であり、中国の一帯一路構想に向けた野心にも関係する。脱炭素化へ向けたサプライチェーン構築のうえでも地政学的リスクをもたらすものだ。

──欧米のエネルギー政策に関して今後の注目点は。

欧州は50年までのネットゼロで方針を固めている。目標達成のため、規制や投資の制御を通じ経済活動に積極的に介入するだろう。問題は、コロナ禍への対応で債務が膨らむ中、必要資金のすべてを手当てできるかどうかだ。

米大統領選挙はエネルギー情勢に多大な影響を与える。トランプ氏再選なら、米国はエネルギー開発を引き続き推し進め、石油市場の安定化に向けた役割を果たし続けるだろう。もしバイデン政権となれば、まったく異なる展開となる。すなわち、欧州と歩調を合わせ、政策がはるかにグリーン化する。石油・ガス産業を支援する姿勢は弱まるだろう。

――「石油の世紀」が終わるとすれば、次なる世紀とは。

「混合エネルギーシステムと長期的移行の世紀」だろうか。しかし、エネルギーの常だが、次なるサプライズ、次なるディスラプション（既存秩序の創造的破壊）に備えておく必要がある。それゆえ、「創造的破壊の世紀」といえるかもしれない。

――日本のエネルギー政策についてはどう見ていますか。

私はエネルギー安全保障に焦点を当てた日本の一貫性に、いつも感銘を受けてきた。日本は新技術の開発や再エネの促進において重要な役割を果たすことができる。今後もエネルギーの多様化に間違いなくコミットし続けるだろう。

しかし、明らかなリスクがある。日本はほかの国々と同様、パリ協定の目標を達成するために要求されるサプライチェーンについて、もっと理解を深める必要がある。現状、そのリスクと機会は世界中でほとんど理解されていない。パリ協定の目標に到達するには、はるかに多様化され健全なサプライチェーンの構築が求められる。それはまさにチャレンジだ。

（聞き手・中村　稔）

ダニエル・ヤーギン（Daniel Yergin）

米イェール大卒、英ケンブリッジ大で博士号。米エネルギー省長官の諮問委員会委員など歴任。著書に『石油の世紀』（1992年にピュリツァー賞）など。20年9月に新著『The New Map: Energy, Climate, and the Clash of Nations』を米英で刊行。

石油・ガス企業の瀬戸際

「新型コロナのパンデミックが経済に永続的な影響を与えることが、ますます現実味を帯びてきた」。国際石油メジャーの一角である英BPのバーナード・ルーニーCEO（最高経営責任者）は２０年6月１５日、最大１７５億ドル（約１・９兆円）に上る減損損失計上を発表する声明でそう述べた。

同CEOは就任直後の2月半ば、ライバルに先駆け、２０５０年までに温室効果ガス排出量「ネットゼロ」を達成すると宣言。そのための戦略や前提となる石油・ガス価格の見直しを検討していた。その矢先にパンデミックが勃発。これがエネルギー需要を長期にわたって抑制する一方、パリ協定に沿った経済復興を通じて脱炭素化を加速する可能性も高いと判断し、改めて価格前提を見直したのだ。

具体的には、2021年から50年までの原油価格（北海ブレント）を従来の1バレル当たり平均70ドルから55ドルへ、天然ガス価格（米ヘンリーハブ）を100万英国熱量単位当たり平均4ドルから2・9ドルへ下方修正した。それを基に資産を再評価した結果が、自己資本の約2割にも相当する巨額減損だ。対象には生産設備などの有形資産と、採掘権などの無形資産が、ほぼ半々で含まれる。いわゆる「座礁資産」の発生である。

シェール大手も破綻

6月末には英蘭ロイヤル・ダッチ・シェルも最大220億ドルの減損損失を公表。4月に50年までのネットゼロを宣言し、コロナ影響を踏まえて北海ブレントの前提を引き下げた。20年は35ドル、21年は40ドル、22年は50ドルと従来の60ドルから修正。23年以降の長期は従来と同じ60ドルとした。

コロナ禍の影響はまさに前代未聞だ。短期的には4月20日に米WTI原油先物価格で記録したマイナス37・63ドルが象徴する。パンデミックで世界経済が大恐慌以来の落ち込みとなり、石油需要が蒸発。決済日が接近する中、在庫急増で貯蔵能力消滅が危惧され、現物を引き取れない買い手が〝代金を払ってでも売り先を見つけざるをえない状況〟に追い込まれた。

北海ブレントやドバイ原油は決済日でも差金決済できるためマイナス価格は免れたが一時10ドル台に。年初の60ドル台からは暴落である。

その後、石油輸出国機構（OPEC）と主要な産油国で構成する「OPECプラス」による史上最大規模の減産が5月に開始され、都市封鎖の世界的緩和もあり石油需要が底打ち。WTIが40ドル前後まで戻したのが現状だ。

こうした中、米国では油価40ドル台が平均損益分岐点とされるシェール企業の経営破綻も相次いでいる。2020年4月のホワイティング・ペトロリアムを皮切りに、6月28日には大手のチェサピーク・エナジーが米連邦破産法11条の適用を申請し、負債1兆円を超す初の大型破綻となった。かつては「シェールガス革命の立役者」と称されたが、ガス価格低迷に続き、オイル強化のための買収戦略も裏目に出て、過剰債務に押し潰された。

原油価格は停滞に向かうのか

苦境に立つ米大手シェール企業

社名	純損益(億ドル)	自己資本比率(%)
チェサピーク・エナジー 破綻	▲83.2	債務超過
アパッチ	▲44.8	債務超過
ノーブル・エナジー	▲39.6	25
オキシデンタル・ペトロリアム	▲22.3	31
ヘス	▲24.3	34
デボン・エナジー	▲18.2	35
コンチネンタル・リソーシズ	▲1.9	41
コノコフィリップス	▲17.4	48
EQT	▲1.7	52
ダイヤモンドバック・エナジー	▲2.7	55
EOGリソーシズ	0.1	57
マラソン・オイル	▲0.5	61
コンチョ・リソーシズ	▲92.8	62
パイオニアナチュラルリソーシズ	2.9	64

(注) 数値は今年1〜3月期。▲はマイナス　(出所) 各社の公表資料を基に本誌作成

早まるピークオイル

だが、世界の石油・ガス企業にとっての正念場はむしろこれからだ。ＢＰが減損の理由に挙げたように、コロナ禍は石油・ガス需要に永続的な影響を与えようとしている。まず、テレワークやＷｅｂ会議の定着・拡大が人や物の移動を減らし、石油需要を長期的かつ構造的に抑制する可能性がある。

同時に重要なのが政策的変化だ。とくにＥＵ（欧州連合）は経済の復興と脱炭素社会への移行を両立させる「グリーンリカバリー」を掲げ、化石燃料の代替エネルギー開発に膨大な投資を計画している。

もともとＥＵは２０５０年までの温室効果ガス排出量ネットゼロを目指す「欧州グリーンディール」を掲げてきたがコロナ禍を機に取り組みを加速している。欧州系メジャーがネットゼロ宣言で先行したのも、「企業市民としてＥＵの施策に寄り添っていく必要があるため」と、石油天然ガス・金属鉱物資源機構（ＪＯＧＭＥＣ）の古藤太平・調査部担当審議役は語る。

エクソンモービルなど米系とて構造変化の影響は避けられない。石油産業を主要な支持基盤とする米トランプ政権は、パリ協定脱退を決めた。だが、米国でもアップルなどの民間企業やブラックロックなどの機関投資家は、政権とは逆に、ますますパリ協定とＥＳＧ（環境・社会・企業統治）の重視へ舵を切っている。

「ブラックロックなどの大手運用会社はコロナ前から石油メジャーの取締役会に対し、パリ協定に矛盾しない石油・ガス価格前提に見直すよう圧力をかけていた」（国際金融筋）。米系は長期の価格前提を公表していないが、その公表と見直しの圧力は確実に高まっている。とりわけエクソンモービルに対しては、２０１０年に４１０億ドルで買収したガス開発のＸＴＯエナジーの資産を含め、ＢＰやシェルをはるかに上回る規模の減損観測が市場にくすぶっている。ＥＵと協調的なバイデン政権となれば、圧力が一段と高まるのは必至だ。

「コロナ禍はピークオイル（石油の需要ピーク）を早め、可採埋蔵原油は２８２０億バレル（全体の約１３％）が失われる」。そう試算するのは、米調査会社ライスタッド・エナジーのアナリスト、アルチョム・チェン氏だ。

同氏はコロナ前の1月段階では、石油需要は30年に日量1億0750万バレル（19年は約1億バレル）でピークを打つとみていた。だが今は「電気自動車（EV）などの要因も踏まえ、ピークは27～28年（約1億0650万バレル）に早まるとみている」と言う。失われる可採埋蔵原油が座礁資産だ。世界の人口増で石油消費量が増え続けるという前提はもはや、パリ協定を考えれば現実的とはいえなくなった。「気候変動リスク等に係る金融当局ネットワーク（NGFS）」のリポートは、座礁資産の想定損失額はエネルギー産業だけで総額1兆～4兆ドルに上ると指摘している。

石油メジャーの脱炭素化は欧州系が先行

社名	脱炭素化に向けた数値目標	主な対策
シェル（英蘭）	2050年までにCO_2排出量を操業面で実質ゼロ、製品で65%削減	最大220億ドルの減損、希望退職募集、戦後初の減配、2020年の投資を20%削減
BP（英）	2050年までにGHG（温室効果ガス）排出量を実質ゼロ、GHG原単位を半減	最大175億ドルの減損、人員14%削減、2020年の投資25%削減、石油化学事業を売却
トタル（仏）	2050年までにGHG排出量を実質ゼロ、全製品のCO_2原単位を60%以上削減	2020年の投資を22%削減、仏エンジーの部門買収でLNG世界2位、再エネで買収攻勢
エクソンモービル（米）	2020年末までに16年比でメタン排出量15%削減、フレアリング25%削減	2020年の投資を30%削減、営業コスト15%圧縮・人員削減も検討、バイオ燃料・CO_2回収を強化
シェブロン（米）	石油開発のGHG原単位5～10%削減、メタン原単位20～25%削減	2019年末に106億ドル減損、人員10～15%削減、20年の投資を30%圧縮、CO_2回収に10億ドル投資

（出所）各社の公表資料などを基に本誌作成

失われる超過利潤

ではネットゼロ宣言で先行した欧州系が有利かといえば、決してそうとは限らない。まず、目標を達成する道筋がまったく明らかでない。BPは具体策を9月に発表する予定だが、先行きの不確実性が極めて強い現状では、どこまで説得力ある内容にできるかは疑問だ。大体BPは、ほんの2年前に米国のシェール資産を1兆円強の大枚をはたいて買収したばかりだ。その後、最近の石油化学事業を含めて化石燃料資産の売却を急いでいるが、迷走感は否めない。

また、欧州系は化石燃料の中でも比較的クリーンな天然ガスを戦略資産として強化してきたが、EUは同じガスでも化石燃料の天然ガスではなく、水素へと急旋回している。欧州委員会は7月8日に「水素戦略」を発表。水素を脱炭素の柱に据える方針を打ち出した。再エネからつくる「グリーン水素」であれ、化石燃料由来の「ブルー水素」であれ、自動車燃料や発電用に水素を利用しない限り、ネットゼロなどとうてい無理との考え方だ。欧州は水素ブームの様相を呈し、BPやシェルも積極的に取り組んでいるが、経済性などまだまだ課題は多い。

企業として収益と社会的責任をどう両立するか。それが最大の難題だ。欧州系メジャーは環境に優しい方向に戦略の舵を切り、積極的な発信も行っているが、その内実は非常に厳しい。

「石油メジャーは収益の大半を石油の上流（採掘）部門で稼いでいる。それは、石油にスーパーノーマルプロフィット（超過利潤）が存在しているからだ」と、日本エネルギー経済研究所の小山堅専務理事・首席研究員は指摘する。

石油市場は完全競争の市場ではなく、ＯＰＥＣやＯＰＥＣプラスがつねに需給を調整し、価格暴落を防いできた。だからこそ莫大な超過利潤が生まれ、彼らは世界に君臨してきた。一方、再エネや水素にはそうした超過利潤はない。今後、石油の上流部門から徐々に撤退し、低利益率の再エネなどへ移行していけば、企業としての儲けは減る一方だ。株主からしても減配で大問題になる。つまり、「今起こっていることは、石油・ガス企業にとって巨大な潜在的インパクトを持っている」（小山氏）。

もちろん、欧州の「グリーンリカバリー」が成功する保証はない。トランプ再選でパリ協定の推進機運が再びそがれる可能性もある。コロナ禍で電力価格が大きく下がっている中ではクリーンエネルギーへの投資も進みにくい。途上国ではなおさらだ。一部のアナリストが指摘するように、新規の開発投資が減少する結果、将来的に石油価格が暴騰する可能性も否定できない。極度の不確実性を考えれば、米系メジャーが進路を明言できないのは当然かもしれない。

世界的なエネルギー専門家であるダニエル・ヤーギン氏は、今は「石油の世紀」から「ディスラプション（既存秩序の創造的破壊）の世紀」への移行期だと言う。そして、気候変動対策の強化や米中対立の激化に伴うサプライチェーンの急変に備えることの重要性を強調する。石油・ガス企業の世界的再編は不可避だ。日本のエネルギー政策や経営戦略にとっても重大な岐路を迎えている。

（中村　稔）

パンデミックで加速するエネルギーの構造変化

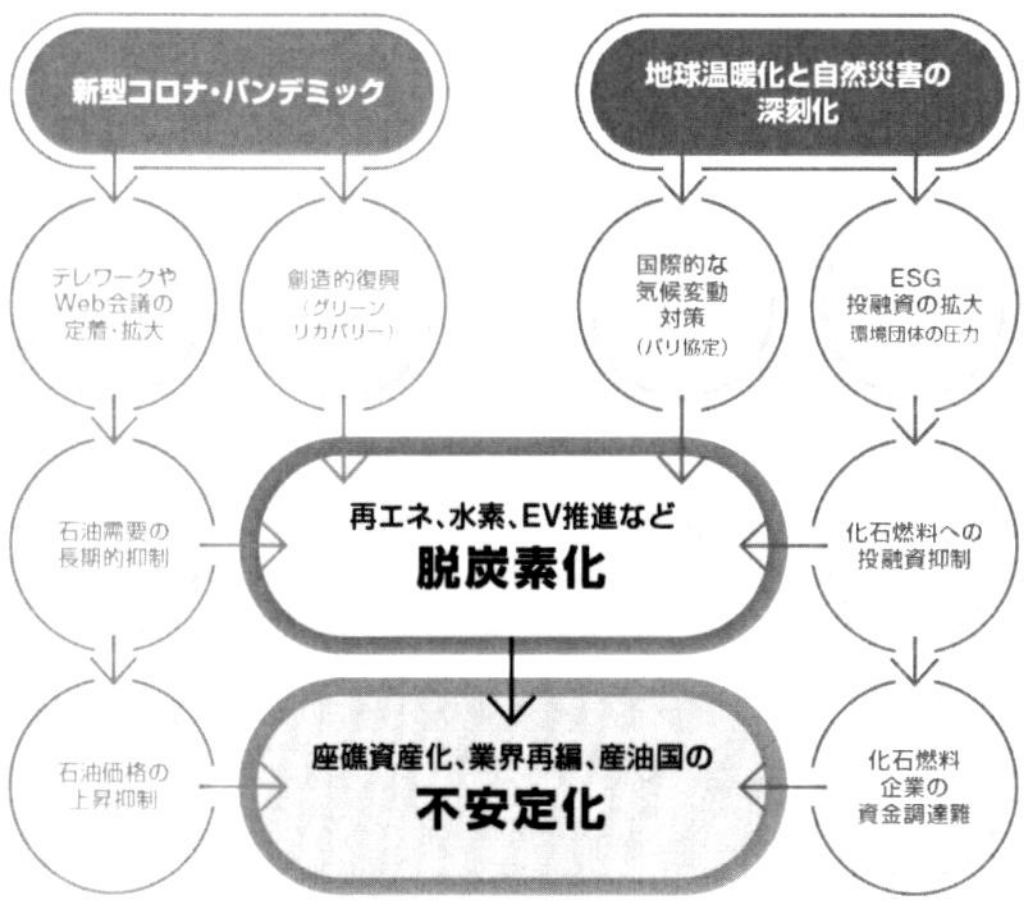

「非効率石炭発電」退場の衝撃

「非効率な石炭火力発電」のフェードアウト（退出）が実現しそうだ。

梶山弘志経済産業相は20年7月3日、発電効率が低く、二酸化炭素（CO2）を多く排出する旧式の石炭火力発電設備を動かせなくする規制措置を導入する方針を明らかにした。7月中に有識者を集めた会議の場で、具体的な制度設計の検討を開始する。

原子力発電所の再稼働が遅れている現在、石炭火力発電が生み出す発電量は全体の32％を占めている（2018年度実績）。今回やり玉に挙げられた旧式の石炭火力は、その約半分を占める重要な電源だ。

環境性能では劣る反面、設備が簡素であるためメンテナンスが容易で、減価償却が進んでいることもあり、「競争力では非常に優位にあった」（ＪＥＲＡ（ジェラ）の奥田久栄常務執行役員）。つまり電力会社にとっては「非効率」ではなくむしろ「高収益」の設備だった。

それだけに、電力各社への衝撃は大きい。虎の子の資産に対して経産省から環境性能の面で〝不適格〟の烙印が押されたからだ。方針発表後、電力各社には投資家からの問い合わせが相次いだ。

大手電力会社の中でフェードアウト政策の影響を強く受けそうなのが、沖縄電力、北海道電力（北電）、Ｊ－ＰＯＷＥＲといった、非効率な石炭火力発電への依存度の高い会社だ。

北電と北陸電力は敷地内の断層の活動可能性をめぐって原子力規制委員会と見解の相違があり、原発再稼働の見通しが立っていない。しかも、高効率の石炭火力発電所の新設・リプレース計画も持ち合わせていない。

沖縄電はさらに厳しい。ほかの大手電力会社と電力系統がつながっていないからだ。5割以上を占める旧式の石炭火力発電所を休廃止した場合、供給エリアが電力不足に陥るおそれがある。

こうした電力会社は、特例措置がなければ、経営面で甚大な影響を被りかねない。経産省は「電力の安定供給は大前提」（幹部）と言うが、非効率石炭火力への依存度の高い会社が無傷で済む保証もない。

基数減でも設備容量はあまり減らない

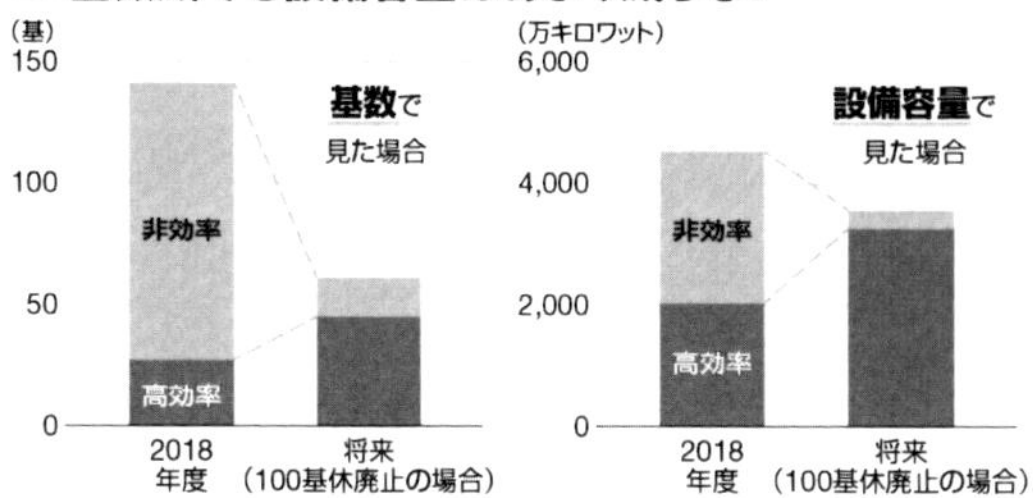

(注)非効率の石炭火力発電とは、亜臨界圧および超臨界圧方式　(出所)気候ネットワーク

影響甚大な電力会社も

電力会社名	割合(%)
沖縄電力	55.1
北海道電力	38.8
J-POWER	36.8
中国電力	27.4
東北電力	26.1
北陸電力	24.6
九州電力	15.4
四国電力	12.8
JERA	7.4
関西電力	0.0
平均	**14.9**

(注)割合は、非効率な石炭火力発電が総発電量に占める比率。2019年度実績
(出所)経済産業省

なぜ退出を求めるのか

なぜ経産省は非効率設備の退出を求めるのか。背景には、脱炭素化へ向かう世界の潮流がある。

経産省の幹部は、「高効率の石炭火力発電所の新たな運転開始が見込まれる中で、2030年度のエネルギーミックス（電源構成）目標を確実に達成するためには、非効率な石炭火力を限りなくゼロにしていく必要がある」と説明する。

パリ協定に基づいて政府が提出した温室効果ガス削減目標（30年度に13年度比26％削減）の達成に向け、石炭火力発電の割合は30年度に全体の26％まで引き下げなければならない。しかし、現在は32％と、その目標を6％ポイントもオーバーしているうえ、100万キロワットクラスの大型のものを含めて17基の石炭火力発電所の新設・リプレース計画が全国に存在する。

仮にそれらすべてが稼働し、非効率な石炭火力も運転を続けると、石炭火力発電への依存度は40％近くに達してしまう可能性がある。そうなれば、温室効果ガス削減の国際公約を守れず、世界から批判が集中しかねない。

実は、非効率な石炭火力のフェードアウト方針は今回決まったものではない。2018年7月に閣議決定された現行の第5次エネルギー基本計画で、「フェードアウトを促す」と言及されている。だが、何ら具体策が講じられることのないまま2年の歳月が経過していた。

現行のエネルギー基本計画は、21年夏までに見直し検討の着手をすることが法律で定められている。それまでに手を打たなければ、経産省は不作為との批判を免れない。その意味でも今回、フェードアウト方針に基づく具体的な検討が始まることに驚きはない。

今も政府は、石炭火力をやめさせたり、30年度の目標比率26%を引き下げたりする方針は示していない。梶山経産相は「資源の乏しいわが国において、エネルギー源のベストミックス（多様化）のうえでも、（石炭火力を含む）一つひとつの電源は放棄できない」と断言している。現在のエネルギー基本計画で石炭火力は「安定供給性と経済性に優れた重要なベースロード電源」とされている。「高効率」とされる超々臨界圧以上の新設計画に規制は設けない。

しかし、将来にわたって石炭火力が優位性を発揮できる保証はない。50年における温室効果ガスの80％削減目標を掲げているからだ。実現を目指す場合、大気中にCO2を大量排出する発電の継続が困難になる。従来型火力の退出を促す炭素税の本格導入も視野に入ってくるだろう。

エネルギーの安定供給と脱炭素化をどのように両立させていくのか、日本は極めて難しい課題を突きつけられている。

はるか先を行く欧州

世界に目を転じると、日本とは違った光景が広がる。先端を走るのは欧州連合（EU）だ。エネルギー面での取り組みや、環境などに配慮したESG（環境・社会・企業統治）投資の状況を比較すると、日本より欧州のほうがはるかに踏み込んで対応していることがわかる。

■ 脱炭素化では欧州が大幅にリード

	欧州	日本
温室効果ガス削減目標	40% → 50〜55%	26% → 26%
	2030年目標は1990年比40%削減を50〜55%に引き上げるべく検討中	2030年度目標は2013年度比26%削減のまま
	2050年までに100%削減	2050年までに80%削減
ESG投資残高	14.1兆ドル（2017年末）	2.2兆ドル（2018年3月末）

（出所）GSIA調べ

全運用資産に占めるESG投資の割合	48.8% 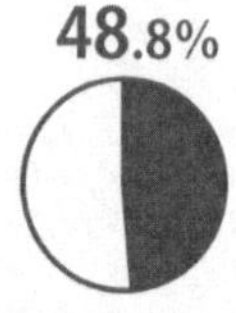	18.3% 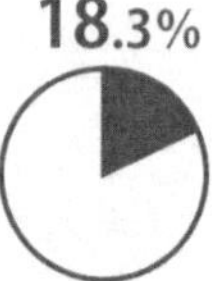
	(出所)2018年、GSIA調べ	
化石燃料への投融資	欧州投資銀行は石炭に加え、化石燃料全般への融資を2021年で **中止**	国際協力銀行は石炭火力発電への投融資を条件付きで **継続**
石炭火力発電	フランス、イタリア、ドイツなど主要国が方針を発表 **廃止**	高効率の石炭火力発電は **継続**

(出所)経済産業省、環境省

2015年9月の国連SDGs（持続可能な開発目標）と、同12月の地球温暖化対策のためのパリ協定採択をきっかけに、欧州委員会は「サステイナブル金融に関するハイレベル専門家グループ」（HLEG）を設立。18年1月のHLEG最終報告書において「タクソノミー」の導入が提言された。

タクソノミーとは、一般に「分類」を意味する。ここでは地球温暖化対策を進めるうえでの投資対象として、各産業分野における技術や製品の適格性を分類する。

20年3月にまとめられた「サステイナブル金融に関するテクニカル専門家グループ」（TEG）の最終報告書によれば、環境に優しいとされる「グリーン」に分類された投資対象に石炭火力発電は含まれていない。

それのみならず、相対的にCO2排出量の少ないガス火力発電についても、CO2排出を1キロワット時当たり100グラムまでにとどめなければ、「サステイナブル」（持続可能）とは認められないとされた。日本の現在のLNG（液化天然ガス）火力発電から排出される量、1キロワット時当たり478グラムの4分の1以下の水準だ（電力中央研究所調べ）。つまり、CO2の回収・貯留（CCS）技術を付加しない限り、L

NG火力であってもグリーンに分類されることにはならないのだ。

タクソノミーは確定したものではない。TEGの最終報告書をベースに、欧州委員会がタクソノミーに関する法律に基づいて20年12月に具体的な規則を発表することになっている。だがその際には、「TEGの報告書に記載された内容が、ほぼそのまま用いられることになるだろう」とEUタクソノミーに詳しい水口剛・高崎経済大学教授は解説する。

そのうえで水口氏は、「欧州委員会によるタクソノミーの決定は、欧州の投資家に対してある種の強制力に相当する影響を与える」と見通す。「欧州委員会が定めた別の規則により、投資家がどれだけグリーンな投資をしているか、投資においてサステイナブルリスクを考慮しているかについて情報開示する際の判断基準としてタクソノミーが用いられる」と語る。

EUはこのように金融を通じて、グリーンに区分された分野への投資を誘導しようとしている。エネルギー分野においては、太陽光や風力など再生可能エネルギーがそれに該当する。

欧州委員会は19年12月、50年までに温室効果ガスの排出を実質ゼロにするなどの目標を法制化する「欧州グリーンディール」を公表し、新たな成長戦略に位置づけた。新型コロナウイルスのさなかであっても、グリーン経済への移行戦略に、ブレーキをかけていない。それどころか、アクセルをさらに踏み込もうとしている。その象徴が5月27日に欧州委員会が提案したコロナ禍からの復興計画「次世代EU」だ。同計画に基づきEUは、今後の経済復興において、エネルギー転換を含む温暖化対策をさらに加速していく。

そのことを象徴する動きとして7月8日、欧州委員会は再エネ由来の電力を用いた水素製造を柱とする「水素戦略」を明らかにした。

欧州は将来の温室効果ガス排出ゼロから「バックキャスト」(逆算)して、さまざまな目標や制度を設計しようとしている。タクソノミーもそのツールの1つであり、EUの戦略的思考を裏付ける。

日本での最近の動きも、EUの動きを参照しながら見ると、その意味するところを理解しやすい。

経産省は非効率石炭火力のフェードアウトの具体化と併せて、送電線の利用ルールを抜本的に見直す方針を打ち出した。これまでは、先に接続していた事業者の電力を優先して送電線に流せるというルールだった。これを、再エネ電力のほうが火力発電の電力よりも優先して流せるように改める。洋上風力発電の拡大を念頭に置いた見直しだ。

こうした再エネ優先ルールは、ＥＵですでに導入されており、再エネ大量導入の道を開いている。

日本ではこれまでエネルギーの制約から脱炭素化は絵空事と見なされてきた。それが今や企業のビジョンや成長戦略の柱として語られるようになってきた。日本経済団体連合会が音頭を取る形で、脱炭素化を目指す企業連合の「チャレンジ・ゼロ」が動き出したのも危機感の表れだ。

（岡田広行）

欧州と日本の脱炭素化への歩み

年月	国・地域名	主な出来事
2011年 3月	日本	**福島原発事故**
7月	ドイツ	脱原発法案を可決
2015年12月		**パリ協定採択**
2016年11月		パリ協定発効
年末	EU	欧州委員会、「サステイナブル金融に関するハイレベル専門家グループ」(HLEG)設立
2017年 3月	日本	環境省「長期低炭素ビジョン」策定
4月	日本	経済産業省「長期地球温暖化対策プラットフォーム」策定
12月	日本	水素基本戦略を決定
2018年 1月	EU	HLEGが最終報告書を公表(**タクソノミー**導入を提言)
7月	日本	**第5次エネルギー基本計画**(電源構成目標は改定せず)を閣議決定
	EU	サステイナブル金融に関するテクニカル専門家グループ(TEG)を設置。タクソノミーやグリーンボンド基準などに関する具体的な議論を開始
10月		気候変動に関する政府間パネル(IPCC)が、**「1.5度特別報告書」**を発表
2019年 3月	日本	「水素・燃料電池戦略ロードマップ」策定
12月	EU	2050年の温室効果ガスネット**排出ゼロ目標**を目指すことに欧州理事会で合意(ポーランドを除く)
2020年 3月	EU	欧州気候法案を提出(2050年の気候中立を規定)
	EU	EUタクソノミーに関するTEG最終報告書
	日本	パリ協定における**国別削減目標(26%)を据え置いたまま提出**
5月	EU	コロナ禍からの復興計画を盛り込んだ総額1.85兆ユーロの次期中期予算枠組みおよびリカバリーファンド「Next Generation EU」を欧州委員会が提案
6月	日本	日本経団連「チャレンジ・ゼロ」開始
	ドイツ	水素国家戦略を決定
	ドイツ フランス	独仏首脳、**国境炭素税**導入で一致
7月	日本	**非効率石炭火力発電**のフェードアウト方針を公表
	EU	欧州委員会が「水素戦略」公表

(出所)各種資料を基に本誌作成

コロナ禍を脱炭素で克服

WWFジャパン　専門ディレクター・小西雅子

世界各国でロックダウン（都市封鎖）が実施され、数千万の人々が仕事を失った。新型コロナウイルスは世界経済に深刻な打撃を与えている。そうした未曾有の事態から経済を復興させる手だてとして、「グリーンリカバリー」が欧州を中心に提唱され、すでに一部の国で実行に移されている。これは、地球温暖化対策の国際協定であるパリ協定や、国連のSDGs（持続可能な開発目標）の道筋に沿って環境を重視し、よりよい社会を目指そう、という取り組みにほかならない。

コロナ禍克服のための世界各国の経済刺激策に関する情報を収集している英国の独立研究機関 Vivid Economics によると、主要国の経済刺激策は総額11・4兆ドルに上り、そのうち約３０％の３・５兆ドルがグリーン、すなわち環境を重視したものと評価されている。中でも欧州委員会の経済刺激策「次世代ＥＵ」は、ほぼすべての予算項目がグリーンであると見なされている。

「次世代ＥＵ」とは、５月２７日に欧州委員会が２０２１～２７年の次期中期予算の一環として提案した、コロナ禍で打撃を受けた欧州連合（ＥＵ）加盟国への支援のための７５００億ユーロ（約９０兆円）に上る復興基金のことである。１９年１２月に発表されたＥＵの成長戦略「欧州グリーンディール」に基づき、「経済復興のための公共投資は、『環境に害を及ぼさない』原則に従う」と明記されている。

欧州グリーンディールはパリ協定に沿った環境戦略で「５０年に温室効果ガスの排出を実質ゼロにすること」を目指している。また、３０年に同ガスを１９９０年比４０％削減するとしていた従来目標を、５０～５５％削減へ引き上げてもいる。

企業支援に条件を設定

グリーンリカバリーの理念を反映して経済刺激策を取りまとめた国もある。フランスは、70億ユーロを拠出し、コロナ禍で壊滅的な打撃を受けた航空会社を救済する見返りに「世界で最もグリーンな航空会社になること」を要求し、4つの条件をつけている。すなわち省エネルギー型航空機の導入、再生可能ジェット燃料の導入、30年までにフランス国内での温室効果ガス排出量を半減することなどだ。中でも鉄道で代替できる2時間半以内の近距離路線を減便させることは特筆に値する。日本に置き換えると、国内線の大半が減便の対象になってしまうほどの厳しい条件だ。ただし義務ではない。

ドイツ政府は、航空会社救済のための90億ユーロの支援に際し、グリーンであることを条件としなかったとして環境団体から批判された。これに対してシュルツェ環境相は「まずは雇用確保などの救済策を優先するが、今後の経済刺激策ではパリ協定を羅針盤として気候危機対策を実施する」と応じた。

その言葉を裏付けるように、6月には1300億ユーロに上る経済刺激策が発表され、そのうちの400億ユーロが地球温暖化対策関連となっている。予算の内訳として電気自動車やビルのエネルギー効率改善、公共交通機関ネットワークや水素インフラなどへの支援が含まれており、中でも電気自動車に対する補助金を1台当たり6000ユーロに倍増させるなど交通部門のグリーン化に注力している。

メルケル首相は「伝統的な経済刺激策を導入するだけではなく、『未来への目』を持つことをいちばんに強調した」と話している。

カナダ政府は雇用を守るための大企業への支援の条件として、TCFD（気候関連財務情報開示タスクフォース）の提言に沿った情報を企業に開示させることを盛り込んだ。TCFDとは、主要25カ国の中央銀行などが参加する「金融安定理事会」が、企業に対して、気候変動関連の情報開示を促す取り組みだ。気候変動が自社に及ぼす影響や事業の継続性などを示す「シナリオ分析」を求めている。

国連のグテーレス事務総長は、「温室効果ガス排出や新型コロナウイルスに国境は関係ない。われわれには協調するための行動フレームワークであるパリ協定とSDGsがある。すべての国に温室効果ガス削減目標の強化と50年の排出ゼロを求めたい」と鼓舞し、国連のすべての組織が一致してグリーンリカバリーを推進している。

2015年12月に合意されたパリ協定は脱炭素社会を目指しているが、今後の気温上昇の幅は、世界の温室効果ガスの排出量をゼロにできる時期がいつであるかによって決まる。18年10月に発表されたIPCC(気候変動に関する政府間パネル)の「1・5度特別報告書」は、産業革命前からの気温上昇を2度未満に抑えるには、2070年ごろまでに温室効果ガスの排出量をゼロにしなければならないとしている。2050年早めて50年にゼロにできるならば、1・5度の上昇にとどめられることもわかった。

一部の国や先進的な都市、グローバル企業は、2度シナリオと比較して災害リスクを大幅に抑制できることから1・5度を重視し、「50年の排出ゼロ」目標を掲げている。欧州委員会が「50年ゼロ」を掲げた理由もここにある。

■ 経済回復とCO2削減の両立を

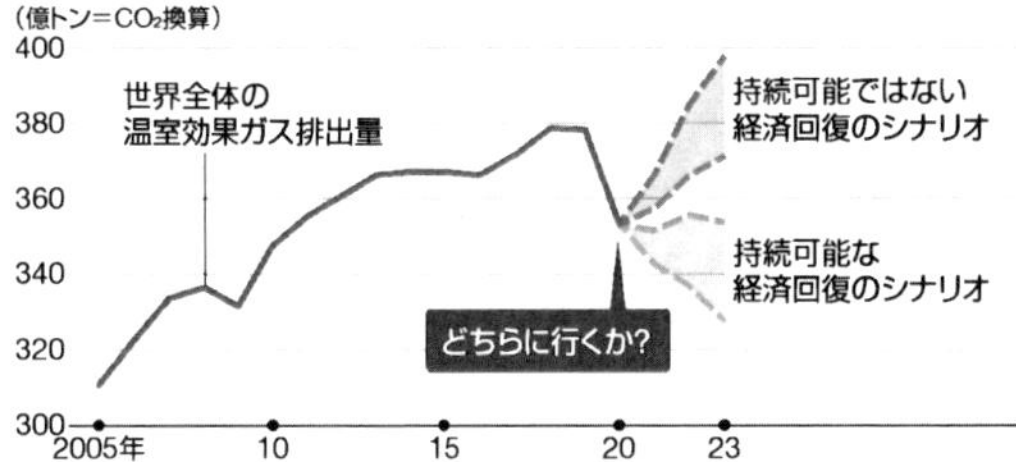

(出所)Sustainable Recovery, World Energy Outlook Special Report(2020年6月18日)、国際エネルギー機関(IEA)

日本の役割と責任

グリーンリカバリーが経済成長につながるという研究報告もある。国際エネルギー機関（ＩＥＡ）が２０年６月１８日に発表した「持続可能なリカバリー（経済回復）」報告書の試算も注目される。今後３年間に再生可能エネルギーや省エネ、電気自動車の購入補助などに3兆ドルをつぎ込めば、世界のＧＤＰ（国内総生産）を年平均で1・1％増やし、２３年には日本のＧＤＰに相当する額を追加できるという。雇用を９００万人規模で回復し、温室効果ガスについては４５億トンの削減が可能だとした。

ひるがえって日本はどうか。日本の経済刺激策は２３０兆円に上り、米国に次いで世界2位の規模だが、英 Vivid Economics によるとそのグリーン度は現在のところわずかであると評価されている。

また、パリ協定は各国の温室効果ガス削減目標の再検討を求めているが、日本が3月３０日に提出した内容は従来目標の据え置きで、強い批判にさらされた。世界各国が日本並みの削減努力しかしないのであれば、平均気温は3度以上も上昇するような目標だからだ。

日本も、コロナ禍克服の企業支援に際して、TCFDに沿った情報開示や、温室効果ガスの削減目標の設定を促す「サイエンス・ベースド・ターゲット」（SBT、科学に基づいた削減目標）の認定を条件にしてはどうだろうか。

パリ協定は単なる環境条約ではない。脱炭素社会へ向かう世界共通のビジネスルールを定めたものだ。日本の産業が脱炭素時代に競争力を持ち続けるためにも、グリーンリカバリーを目指すべきだ。

小西雅子（こにし・まさこ）
米ハーバード大学修士、法政大学博士（公共政策学）。昭和女子大学特命教授。気象予報士。2005年WWFジャパン入局。専門は気候およびエネルギー政策。環境省中央環境審議会委員なども務める。

鉄鋼が挑む脱炭素の壁

脱炭素社会を実現するには産業界の協力が欠かせない。とくに重要なのが日本の二酸化炭素（CO2）排出量の14％を占める鉄鋼業である。

なぜ鉄鋼業のCO2排出量は多いのか。天然資源である鉄鉱石は酸化鉄なので、「鉄」を造るには酸素を取り除く（還元する）必要がある。現在、製鉄の世界的な主流は、石炭と鉄鉱石を溶融させて鉄を造る高炉法。高温で炭素（C）と酸素（O）が結び付きやすくなる性質を利用するため、大量のCO2が発生してしまうのだ。

■ 鉄鋼部門は日本全体の約14%占める

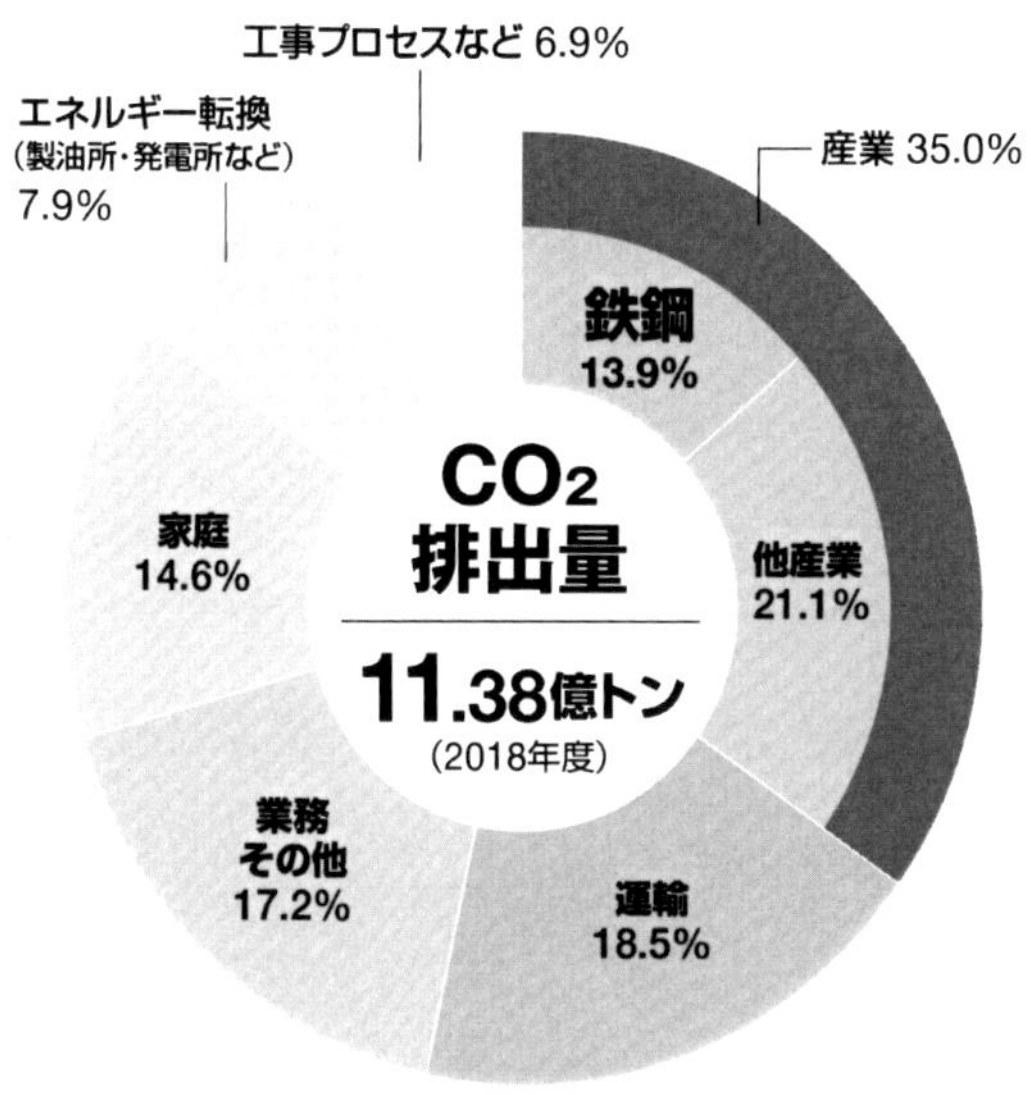

(注)電気・熱配分後
(出所)国立環境研究所

ゼロ実現はまだ見えず

脱炭素鉄＝ゼロカーボン・スチールを実現するには、まったく新しい製鉄プロセスの開発が必要になる。最有力視されているのが「水素還元法」だ。実現できれば発生するのはH_2O＝水になる。

だが、理論上可能なことと実現できることとは別問題。商用化できるだけの安定した水素還元の実現、還元以外の工程の脱炭素化、莫大な量の水素の供給体制確立、既存設備を置き換える費用、エンジニアリング能力など、課題は山のようにある。

「ゼロカーボン・スチールはすぐには実現できない」と日本製鉄の鈴木英夫常務は断言する。「見えている技術で段階的にCO_2削減を図っていくしかない」。

日本製鉄などが取り組んでいるのが、還元剤の一部を水素に切り替える「水素活用還元」技術。既存の高炉を改修し、製鉄所内で発生する水素を使う。水素還元法よりは実用化へのハードルが低い。

新エネルギー・産業技術総合開発機構（ＮＥＤＯ）と高炉３社などが共同研究を行っ

ており、日本製鉄の君津地区で試験設備を稼働している。「CO2排出10%削減の結果を得ている」（鈴木常務）。2030年までには国内で少なくとも1基の高炉に導入する方針だ。さらに還元剤の水素を増やすことでCO2排出30%削減を目指す。ただ、鈴木常務は「水素還元は吸熱反応があるので、水素を増やすと鉄が固まってしまう。また、30%削減に必要な水素となると製鉄所内で賄えないため、水素の調達まで考えなければならない」と難しさを語る。

実用化に近いのが「フェロコークス」だ。石炭と鉄鉱石を事前に処理することで、高炉内の還元効率を向上させる。やはりNEDOや高炉3社の共同開発で、JFEスチールの京浜地区の試験設備でCO210%削減を確認している。

地味な技術だが、「低品位の石炭や鉄鉱石が利用できるため、経済的メリットがある」とJFEスチールの手塚宏之専門主監。今秋には西日本製鉄所（福山）で実用設備が稼働する。「更新計画の中で、導入を拡大していく」（同）。

業界ではCO2を分離・回収し貯留・使用するCCS／U技術の開発も進めている。ただ、分離、回収、貯留、使用とも技術的には可能な反面、コストや貯留場所など難題は多く実現は見えていない。

ＣＯ２排出削減には電炉法へ切り替えるという手がある。電炉法とは鉄スクラップを電気炉で溶かして鉄を造る方法だ。いったん還元プロセスを経ているため、高炉法に比べるとＣＯ２排出量は４分の１で済む。鉄鋼製品に占める電炉材のシェアは日本が２０％台、米国は７０％弱。日本から毎年８００万トン前後のスクラップが輸出されていることを考えると、電炉材を伸ばす余地がある。

高炉メーカーは「日本の高炉は世界一高効率。無理に日本でスクラップを使うより、輸出したほうが世界全体のＣＯ２排出量を減らせる」と主張する。この主張は間違いではないのだが、今後、国単位で厳格なＣＯ２排出削減を求められた場合、電炉材を増やすことは有力なオプションになる。

日本製鉄の君津地区にある水素活用還元技術とCO_2分離回収の試験設備（上）。JFEスチールの京浜地区にあるフェロコークスの試験設備(下)、20年秋に実用設備が稼働した

電炉で再エネ普及を支援

実際には、輸出スクラップが低品質だったり、自動車用など高級分野には採用されていなかったりするなど、電炉材の拡大には課題も多い。それでも、独立系電炉大手・東京製鉄の西本利一社長が「低炭素の電炉は環境に優しい。品質向上と製品開発を進めて自動車用への参入を目指す」と語るなど、意欲的なメーカーもある。

東京製鉄は電炉での一層の低炭素化に向け、再生可能エネルギー電力の普及促進にも乗り出している。九州電力から再エネ発電の余剰電力を安価で購入し、電炉で利用する。

これは制度上、再エネ電力を使用していることにはならない。だが、九電管内では再エネ発電増に需要が追いつかず、再エネ発電の出力制限を行っている。生産調整を行いやすい電炉が電力会社の需要調整弁となることで再エネ普及を後押しできる。

高炉、電炉とも日本勢は低炭素化にまじめに取り組んでいる。だが、それで十分かはわからない。

2020年6月、世界最大の鉄鋼メーカーである欧州アルセロール・ミタルが30年までのCO2排出3割削減、50年までの実質ゼロを目指し、約4兆円を投資するとぶち上げた。水素還元を中心にCCSなどの活用が念頭にある。

アピール上手な欧州企業の大風呂敷と侮ることはできない。欧州勢が担ぐ水素還元法に適した鉄鉱石が欧州にはある。水素の調達やCCSの実施環境でも欧州は恵まれている。一足早く欧州勢が低炭素化を進めれば、他国に厳しく迫ってくることは間違いない。日本メーカーは低炭素化・脱炭素化を急がなくてはならない。

（山田雄大）

独仏はＥＶ購入に１００万円以上補助

政策頼みのＥＶシフト

自動車産業は脱炭素で電気自動車（ＥＶ）が主流となるか。

株式市場はそれを先取りする動きを見せている。米国のＥＶメーカーであるテスラの時価総額がトヨタ自動車を上回り、自動車メーカーでは世界トップに躍り出た。２０２０年７月１５日現在の時価総額は２８６５億ドル（約３０兆６３００億円）で、年初と比べて３倍以上に成長した。

テスラは２０１８年ごろには新型車「モデル３」の量産立ち上げが難航し、一時は資金繰りも不安視された。しかし、量産が軌道に乗ってから収益が黒字化。新型コロナウイルスが猛威を振るい、世界の新車需要が壊滅的な状況となった２０年４〜６月期も、テスラの新車販売は前年同期比５％減と影響は限定的だった。

テスラの19年の販売実績は約37万台で、トヨタの29分の1程度にすぎない。実力以上の急激な株価上昇に「バブルだ」との指摘もあるが、自動車産業が「CASE」と呼ばれる大変革期を迎える中で、EV専業メーカーと従来型メーカーへの成長期待の差が歴史的な逆転の背景にあることは確かだ。

EV販売比率は3％未満

とはいえEVは現時点で、世界の自動車販売の主流になっているとはいえない。世界の二酸化炭素（CO2）排出量のうち、自動車を含む運輸部門は4分の1程度を占める（国際エネルギー機関調べ）。脱炭素化に向けEV普及の重要性が認識されているにもかかわらず、だ。ブルームバーグNEFの予測によると、今後しばらくはハイブリッド車（HV）を含むエンジン車とEVが共存し、徐々にEVへシフトしていくシナリオが濃厚だ。

EVはエンジン車と比べ、1回の充電で走行できる航続距離の短さ、高価な車両価格、充電インフラの未整備などが普及のネックになっている。実際、19年の世界新車販売のうち、EVとプラグインハイブリッド車（PHV）を合わせたシェアは3％にも満たない。

日本に至っては0・9％で米国（2・1％）や中国（4・9％）、ドイツ（3％）など主要国の中でもとくに低い。日産自動車が7月15日に新型EVを発表し、ホンダも20年内に国内で初めてEVを販売開始する予定で、車種ラインナップが拡充していくのは追い風だ。ただ、日本は世界でも類を見ないほどHVが強い市場で、EVは割って入りにくいのが実態だ。

ブルームバーグNEFのアジア太平洋地域主任アナリスト、アリ・イザディ氏は「EV購入において経済性が第1のドライバーになるのは主に30年以降。それまでは補助金や環境規制など政策面がドライバーになる」と分析する。

環境規制の強化で先行するのは欧州だ。欧州連合（EU）は域内で販売される新車の平均CO2排出量を1キロメートル当たり95グラム以下とする規制を導入した。従来比27％の削減を求める厳しい基準だ。正式導入は21年1月からだが、20年から段階的にスタートしている。

この規制をクリアできなければ多額の罰金が科されるため、自動車メーカーはＥＶの販売強化に躍起になっている。地元の欧州メーカーは当初、ディーゼル車を環境対応車の本命に据えていた。が、最大手の独フォルクスワーゲンによる排ガス不正事件が１５年に発覚して以降、消費者のディーゼル車離れが急速に広がり、ＥＶやＨＶなど電動車を主軸に規制対応する方針に転換した経緯がある。

規制対応車の販売強化もあって、ＥＶ販売はコロナショック後も堅調だ。欧州主要１８カ国での２０年１～３月期のＥＶ販売台数は、前年同期比５７％増の１２・７万台。エンジン車などを含めた市場全体が２７％減となった中で、ＥＶ販売の好調さが際立つ。都市封鎖が本格化した４～６月期は前年割れが確実だが、それでもエンジン車より減少幅は小さいとみられる。

コロナ不況への対策として、独仏がＥＶ購入に１００万円以上を補助する政策を打ち出したことも、この流れを後押しする。エンジン車は対象から外されており、両国政府がＥＶへの移行を加速させようとする狙いが垣間見える。欧州では２５年と

30年にさらに厳しい規制が導入される予定だ。

中国はHVも優遇に転換

ただ、20年のEV販売は世界全体では減少を余儀なくされそうだ。ブルームバーグNEFの予測では、20年のEV販売台数は前年比18%減の173万台となる。欧州とともに今後のEVシフトを牽引していくはずの中国は14%減の予測だ。

中国では2010年代前半から、EVやPHV、燃料電池車を新エネルギー車（NEV）と定義し、メーカーへの手厚い補助金などで成長を牽引してきた。しかし、政府が19年半ばに補助金を大幅減額したことで販売が失速。19年のNEV販売台数は前年比4%減の120万台と初の前年割れとなった。

そこに新型コロナが追い打ちをかけ、大口顧客であるライドシェアやタクシーなどの法人向け需要が激減。中国政府は20年3月、窮余の策として、20年内に終了予定だった補助金の2年延長を決定した。さらに6月、通常のエンジン車と同一の扱いだったHVを「低燃費車」として優遇する方針を決めた。足元でのEV販売の低迷を受け、EV一本やりだった従来路線から軌道修正したといえる。

メーカーはHVを生産すれば、NEV生産の規制が緩和される。中国の自動車業界に詳しい、みずほ銀行・法人推進部の湯進・主任研究員は「中国でもEVとエンジン車の共存期間が当面続くとみられる中で、地場メーカーにエンジン車の低燃費技術を磨かせる政府の狙いがある」と解説する。

これまでのEV市場の成長は、補助金など「官製需要」に支えられてきた面が否めない。EVが競争力を持つには製造コストの大半を占める電池価格の低減が欠かせないが、製造コストがエンジン車並みになるには5年前後かかるといわれる。CO2削減に向けては、EVだけではなく、HVやPHVも含めた現実的な対応が求められる。

（岸本桂司）

2040年にEV販売は約5000万台へ

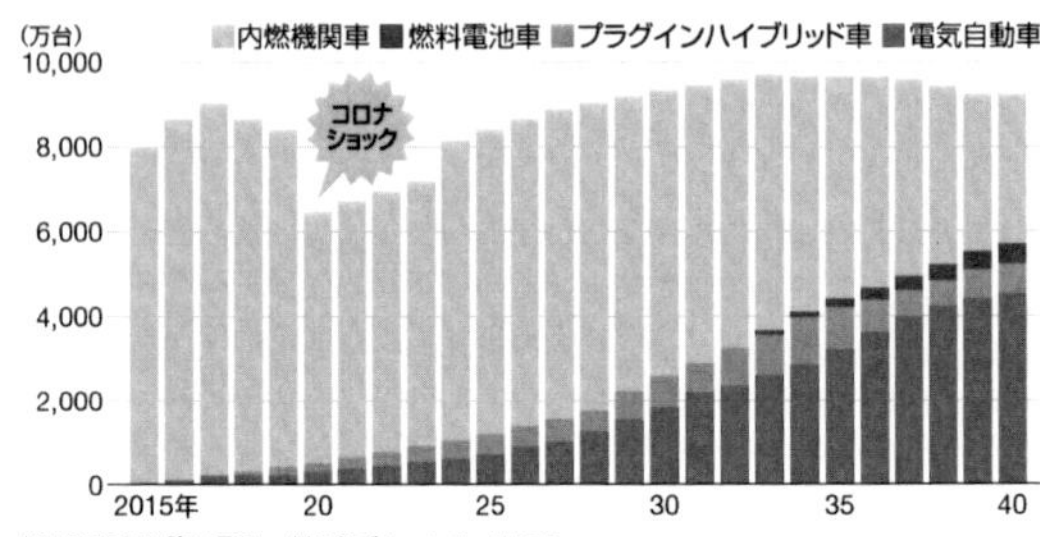

(注)2020年以降は予測　(出所)ブルームバーグNEF

今後も中国と欧州を軸に成長

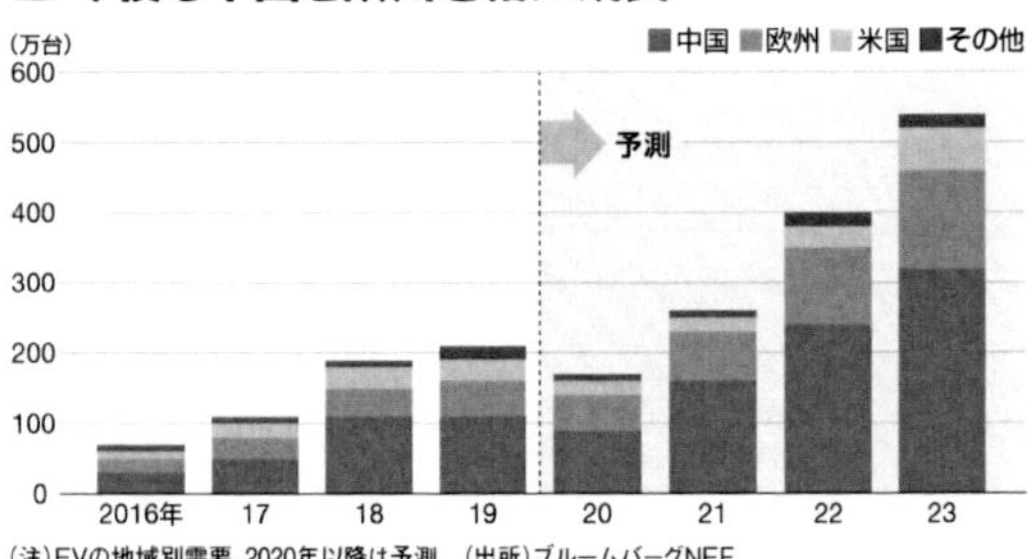

(注)EVの地域別需要。2020年以降は予測　(出所)ブルームバーグNEF

ついに日本も導入目標を策定

動き始めた洋上風力

政府が洋上風力発電の拡大に本腰を入れ始めた。

経済産業省と国土交通省は、洋上風力の産業競争力強化に向けた官民協議会を立ち上げ、２０年７月１７日初会合を開いた。日本風力発電協会や民間企業が出席し、年内にあと1～2回開催する。洋上風力の導入可能量はどの程度あるのか、拡大に向けた課題は何かなどを検討する。年内にも「洋上風力産業ビジョン」として公表する。

この協議会の最大の意義は、政府として洋上風力発電の導入目標数値を初めて示すことだ。

漠然と洋上風力を増やす、という表明だけでは関連する企業は投資に踏み出せない。投資家も資金を投じられない。政府として洋上風力にどれだけ本気なのか、目標数値を国内外に公約することで、日本がどのくらいの市場になるのかわかり、民間企業の投資決定を後押しする。

中国、インド、台湾、欧米各国は洋上風力発電について具体的な導入目標を掲げている。しかし、日本政府はこれまで具体的な目標を示してこなかった。

政府が目指す2030年度の電源構成は、再生可能エネルギーを主力電源化し総発電量の22~24%を賄うというもの。総発電量のうち洋上と陸上を合わせた風力は1・7%、1000万キロワットだ。19年末までの風力発電の導入量は約390万キロワットなので、30年度にかけて大きく増えるように見えるが、洋上風力の上乗せはほぼない。固定価格買い取り制度(FIT)前から導入済みのものにFITで認定された容量を加えた風力発電は19年3月時点ですでに1080万キロワット。その大半が陸上風力で、洋上風力は30万キロワットにすぎないのだ。

あるエネルギー関係者は「30年までに新たに1000万キロワットというような洋上風力の意欲的な導入目標数値を示せば、石炭や原子力発電の比率を減らすことになりかねない。電力会社や原子力関連企業の反発をおそれて示せなかったのだろう」

と背景を解説する。

今回、政府が野心的な目標数値を策定すれば、３０年度の電源構成目標との整合性について議論を呼ぶことは必至だ。それを承知のうえで、洋上風力発電の導入量を初めて策定することの意義は大きい。

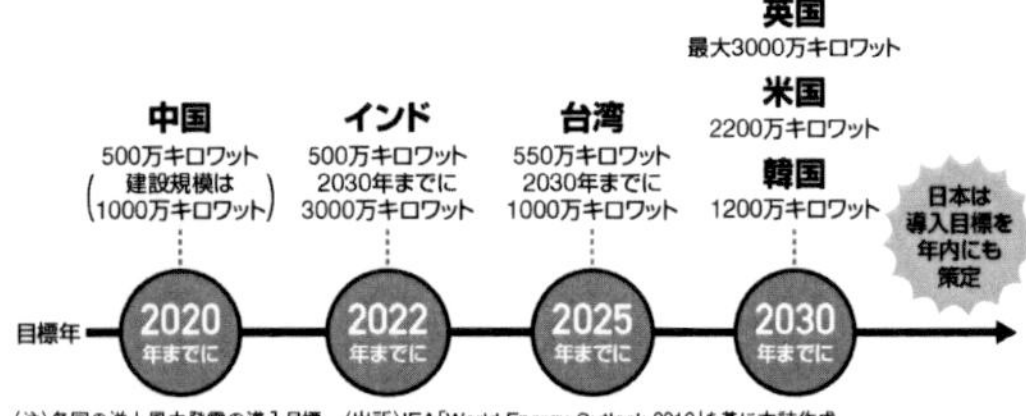
洋上風力発電に意欲的なアジアの国々
英国
最大3000万キロワット
米国
2200万キロワット
韓国
1200万キロワット
中国
500万キロワット
(建設規模は1000万キロワット)
インド
500万キロワット
2030年までに
3000万キロワット
台湾
550万キロワット
2030年までに
1000万キロワット
日本は導入目標を年内にも策定
目標年
2020年までに
2022年までに
2025年までに
2030年までに
(注)各国の洋上風力発電の導入目標　(出所)IEA「World Energy Outlook 2019」を基に本誌作成

系統運用ルールを転換

経産省は今回、「系統問題」についても大胆な対策を打ち出した。発電所が作った電力は、送電線など電力系統を通じて企業や家庭に送られる。だが、その送電線に空きがなければ、発電所と送電線を接続することができない。こうした問題を、系統問題と呼ぶ。

この問題をクリアするため、送電線が混雑した場合に送電量を制御するなど一定の条件付きで、再エネなどが従来よりも容易に接続できる「ノンファーム型接続」という接続方法を21年中に全国に展開する方針を固めたのだ。

空きがないとされている送電線であっても実際に年間を通じて系統が逼迫している時間はそれほど多くはない。空いている時間は例えば再エネを積極的に送電線に入れ、混雑時には再エネの出力を抑えてもらうというのが新たな接続手法の考え方だ。これは再エネ導入が進む欧州では一般的な手法で、東京電力がすでに19年9月から千葉エリアで先行的に実施しており、接続余地が拡大することを証明している。

政府はさらに系統の「先着優先ルール」についても見直しを検討する。送電線の枠は、接続契約をした順に先着優先で割り当てられることになっている。そのため後発の再エネには不利だった。しかし、新たなルールでは、契約順ではなく、発電量を増やしたときに追加的にかかるコストの安い電力を優先して受け入れる。火力発電は、発電量を増やすのに石油やガスなどの燃料が必要になる。しかし、洋上風力や水力、太陽光といった再エネは、発電設備を設置するための固定費は多額でも、発電に際してのコストはほとんどかからない。先着優先ルールの見直しは事実上、再エネの優先順位を高くすることになる。

こうした系統問題への対策は、経産省が7月に打ち出した非効率な石炭火力発電の退出方針と併せ、洋上風力の開発に追い風となっている。

洋上風力事業者の選定に向けた動きも進む。

政府は6月、長崎県五島市沖での洋上風力発電開発に関わる事業者の公募を開始した。秋田県の2海域と千葉県の1海域でも事業者の公募に向けた動きが本格化している。後者3海域の発電規模は長崎県のものよりはるかに大きく、ビジネスメリットが大きいとして企業の高い関心を集めている。今後、入札を経て21年下期ごろに発電事業者が決定するとみられる。

この3海域で名乗りを上げたのが大手電力や総合商社などだ。

秋田県由利本荘市沖では、国内の独立系新電力大手レノバがいち早く洋上風力を検討していた。だが20年5月、2陣営が相次いで事業化検討を発表した。

1つ目が洋上風力発電で世界第2位の規模を誇る独RWEリニューアブルズの日本法人と、日本の九州電力の子会社による連合だ。RWEは同海域以外でも日本での事業展開に意欲を見せている。

もう1つは中部電力と三菱商事の連合だ。両社は20年3月に約5000億円で、再エネに強いオランダの電力会社、エネコを買収している。今回の3海域すべてで参入へ動いており、洋上風力事業への並々ならぬ熱意が伝わってくる。

千葉県銚子市沖では東京電力が世界最大の洋上風力事業者であるオーステッド（デンマーク）と共同開発の準備を進めている。

7月3日には、これら4海域とは別に、新たな4海域が洋上風力発電に有望な区域と示された。今後、これらの海域にも参入を表明する企業が相次ぐだろう。

活況を呈するように見える洋上風力だが、普及させるには発電コストを低く抑えるという課題もある。洋上風力で先行する欧州では、発電コストの低下が、普及を加速させた。

参入狙う企業は多い

長崎県五島市沖	戸田建設
秋田県能代市・三種町・男鹿市沖	住友商事／ウェンティ・ジャパン／加藤建設／国際石油開発帝石／JR東日本エネルギー開発／石油資源開発／東京電力RP／成田建設 大林組／関西電力／東北電力／秋田銀行／寒風／沢木組／三共／ダイニチ／中田建設／日本電機興業／能代資源 日本風力開発 中部電力／三菱商事パワー
秋田県由利本荘市沖	レノバ／コスモエコパワー／JR東日本エネルギー開発／東北電力 RWEリニューアブルズジャパン（ドイツ）／九電みらいエナジー 中部電力／三菱商事パワー／ウェンティ・ジャパン
千葉県銚子市沖	東京電力RP／オーステッド(デンマーク) 中部電力／三菱商事パワー オリックス

(注)公募および公募予定の4区域で事業参入を表明・検討している主な企業や企業連合

東北に多い洋上風力発電の候補地

事業者の公募が始まった区域(1カ所)
今後事業者を公募する区域(3カ所)
有望な区域(4カ所)

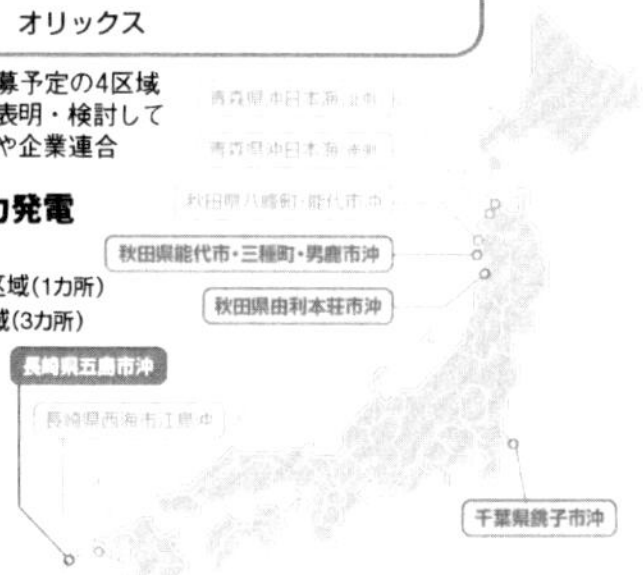

(出所)経済産業省資料を基に本誌作成

関連産業は再起できるか

そのためには洋上風力発電機のサプライチェーンを日本に構築する必要がある。日本では風力に関するサプライチェーンをうまく形成できなかった過去がある。日本もかつては陸上風力で産業集積があり、風力発電関連機器産業の売上高（国内生産分）が2009年度に約2513億円あった。しかし、18年度には約100億円（本誌推計）まで急減してしまった。

政府が陸上風力を後押しせず、洋上風力についても目標数値を明示しなかったことで、企業が投資できず、風力産業全体がしぼんでしまったのだ。そのため日立製作所などの有力風車メーカーが軒並み生産から撤退し、関連する部品産業も縮小した。

洋上風力発電のプロジェクトは1件当たり数千億円と巨額なもの。大型の風車を海上に据え付ける土木工事だけで1000億円近くになるし、風車は約2万点の部品で構成される精密機械。太陽光のパネルよりよっぽど複雑だ。20年間など長期の稼働に耐えられるようブレード（羽根）やベアリング（軸受け）といった部品には高い信頼性が求められる。

ベアリング大手のＮＴＮは「最近は洋上風力発電機が大型化し、主軸も大型化している。その軸受けを製造できるメーカーは当社を含めて限られている。海外メーカーと協力して販売拡大を目指したい」と意欲を見せる。

国際再生可能エネルギー機関（ＩＲＥＮＡ）の試算によれば、２０３０年には世界の洋上風力導入量は１８年に比べ約１０倍に拡大する。関連メーカーにとっては膨大なビジネス機会が広がる。

日本企業もその恩恵を受けられるのか。カギを握るのは、すべての日本企業が撤退し、今は海外にしかない風車メーカーが、日本にも製造拠点を造るかだ。

洋上風力発電の主要風車メーカーは世界に３つ。シーメンスガメサ・リニューアブル・エナジー（スペイン）、三菱重工業とヴェスタス社の合弁でデンマークに本拠地を置くＭＨＩヴェスタス。そして後発の米ＧＥだ。

シーメンス日本法人の藤田研一社長は日本に製造拠点を造る基準として「１基当たりの大きさにもよるが、例えば年間３００基から５００基の受注が必要」と指摘する。やはり、国が意欲的な導入目標を示さなければ、メーカーの投資意欲を刺激できない。

かつて日立に風車の部品を納入していたあるメーカーの経営者は「海外の風車メーカーに、自社の部品を採用してもらえるよう売り込みをかけている」と話す。

アジアで先行する台湾は、着実に洋上風力のサプライチェーンを構築しつつある。政府が30年までに550万キロワットを導入すると表明。しかも、発電事業者に対して、風車の部品などはある程度台湾国内で調達することを義務づけている。これにより台湾国内で風車関連工場の設備投資が拡大している。

実際、MHIヴェスタスは、20年3月に台湾の洋上発電プロジェクトで9500キロワット級の風車62基を受注し、現在、台湾に工場を建設中だ。

日本企業の懸念としては、こうした台湾などのサプライチェーンが洋上風力製品の輸出拠点となり、日本はそこから輸入するだけになるという可能性だ。

台湾は日本より発電需要が少ない。その台湾でできたことが日本ではできないのか。日本風力発電協会の試算では、30年までに洋上風力発電を1000万キロワット導入すれば、経済波及効果は13兆~15兆円に上る。このチャンスを生かすためにも、政府の意欲的な導入目標決定が待たれる。

（大塚隆史）

「日本政府の目標設定に期待」

MHIヴェスタス アジア太平洋地域 リージョナルマネジャー・山田正人

MHIヴェスタスは三菱重工業とデンマークのヴェスタスが折半出資して設立したタービンメーカーだ。同社のアジア太平洋地域リージョナルマネジャーを務める山田正人氏に日本の事業展開について聞いた。

――日本市場をどう見ていますか。

これから最も洋上風力が伸びるのはアジアだ。その中核の地位を占めるのが日本だと考えている。日本でも洋上風力発電を促進する新法が2019年4月に施行され、導入への環境が整った。いよいよ日本市場がテイクオフしつつある。当社も日本に軸足を置いて具体的なプロジェクトを実行できる体制をつくる。

――世界の投資家やサプライヤーにとって、日本の洋上風力は魅力的でしょうか。

IEA（国際エネルギー機関）は2019年に「オフショアウインドアウトルック」を公表した。日本は膨大なポテンシャルを持ちながらも40年時点で400万キロワットしか導入が進まないという予測だ。一方、韓国は2500万キロワットだ。これでは海外投資家やサプライヤーは、日本は大した市場ではないと素通りしてしまう。日本政府も目標策定に取り組むと聞いている。一過性のものではなく、継続して導入が進んでいくような目標を示すことが重要だ。日本の目標設定に期待している。

――アジアでの製造拠点についてはどうなるのでしょうか。

風車のブレード（羽根）については台湾政府との約束のもと、台湾で工場を建設している。また、アジア地域の需要増に対応するため重量のあるナセル（増速機や発電機を収納する中枢部分）についてはアジアのどこかに工場を造りたい。当社が現在製造している1基1万キロワット級の風車は、ナセル1つで約400トンある。欧州から持ってくるのであれば輸送コストが高くつく。

――日本に製造工場を造る考えは。

最大の需要地のそばに造ることがコスト競争力につながる、という視点で判断する。

――日本の部品メーカーが採用される可能性は。

日本の部品メーカーが高い要素技術を持っているのは確かだ。ただ、現在の洋上風力は1基1万キロワット級など、かつて日本勢が造っていた陸上風力の3～4倍の大きさになっている。大型化に対応するには部品メーカーも多額の投資が必要になると思う。

また、当社は世界を市場にしている。日本のプロジェクトだけ日本の製品を使うということは難しい。部品メーカー自身が、開発や大量生産に向けた投資を行い、グローバルな競争力を有することが重要だ。

山田正人（やまだ・まさと）

1963年生まれ。87年三菱重工業入社。大型火力発電プラント、陸上・洋上風車の営業や事業開発を経験。2014年MHIヴェスタス副社長、20年4月より現職。

水素とアンモニアに脚光

脱炭素エネルギーの切り札として洋上風力とともに、期待が高いのが水素である。千代田化工建設、三菱商事、三井物産、日本郵船の4社は、世界でも例のない形で水素を長距離輸送する実証試験を始めた。

2019年12月、ブルネイで天然ガス由来の水素を利用して製造された「メチルシクロヘキサン」（MCH）を積み込んだ船が、川崎港に初めて到着した。MCHは東亜石油の製油所内の設備で水素とトルエンに分離。その水素を発電用燃料として同じ製油所内の火力発電所で燃やす試験が20年5月に始まった。分離されたトルエンは船に積まれ、ブルネイに戻る。そこで再び天然ガスから改質された水素と合成され、MCHとして利用される。

水素は燃焼させても二酸化炭素（CO2）が発生しないことから、脱炭素エネルギーとして期待を集めている。しかし、常温では気体で存在し、体積当たりのエネルギー密度が天然ガスの3分の1程度と低い。液体にするにはマイナス253度まで冷却しなければならず、輸送方法の確立が課題だった。

そこで千代田化工は、水素をトルエンと化学合成してMCHにし、体積を500分の1とすることで長距離輸送を実現した。ガソリンなどと同じ常温の液体として輸送でき、既存の石油インフラを活用できるのも強みだ。実証試験は11月まで行われ、安全かつ低コストで輸送できるかを確認する。

「再エネ水素」の挑戦

日本は水素の研究開発において、世界でもトップを走ってきた。政府は2017年12月に「水素基本戦略」を策定。カーボンフリー（脱炭素）のエネルギーの新たな選択肢として、水素を明示した。

しかし近年、ドイツなど欧州諸国との競争が熾烈化。日本が優位性を維持するには、実証試験を経て実用化を急ぐ必要がある。そのカギを握るプロジェクトが福島県浪江町で7月にスタートした。

再生可能エネルギー由来の電力を利用した世界最大級の水素製造施設「FH2R」がそれだ。雑木林を切り開いて造成された広大な敷地には太陽光発電のパネルが敷き詰められている。太陽光で発電された電力を基に水を電気分解して水素を製造する。太陽光発電設備の出力は2万キロワットで、水電解装置の能力は1万キロワット。1日に作られる水素の量は、約150世帯の1カ月分の電力に相当する。東北電力、岩谷産業とともに実証試験を進めている東芝エネルギーシステムズの佐薙徳寿ゼネラルマネジャーは、「電力系統の需給バランスを取りながら、いかに賢く、効率よく水素を作れるかが課題だ」と解説する。

東芝などの取り組みを支援する「国立研究開発法人 新エネルギー・産業技術総合開発機構」(NEDO)の大平英二統括研究員は「水の電気分解をする水電解装置にさまざまな負荷をかけて電力系統の調整に用いるが、そのことが装置の性能にどのような影響を及ぼすのかを検証したい。研究施設なので、性能の極限まで運転して、技術の可能性を追求していきたい」と意気込む。

この施設は、水素の供給と電力系統の調整が収入源だが、調整に重きを置けば水素生産の制約要因になる。そのため電力の需給変動をにらみつつ、装置への入力電力をリアルタイムで変更する操作を行い、生産効率をわずかでも高める努力をしている。

「再エネ水素を活用したプラントは世界でもあまり例がない。どのくらいのコストで水素を製造できるのかも検証の重要なポイントの1つだ」（前出の佐薙氏）

もっとも、再エネ電力からの水素製造を商業ベースに乗せるのには時間がかかりそうだ。政府の水素基本戦略では、「再エネ電力の固定価格買い取り期間が終了する案件が出てくる32年ごろの商用化」を目指すとしている。

基本戦略を踏まえて19年3月に策定された「水素・燃料電池戦略ロードマップ」に基づけば、現在、キロワット当たり20万円とされる水電解装置のシステムコストを、30年までに5万円へ引き下げることが必要になる。

再エネ由来の水素の本格活用には、再エネ電源のコスト低減、水素製造設備の稼働率引き上げも不可欠だ。いずれも高いハードルであることは間違いなく、これらの課題を克服できなければ、商業ベースには乗りにくい。

水素発電がスタート

水素の利活用も進めていく必要がある。現在、期待が高いのが、大きな需要が見込める発電分野での利用だ。そこで、ガスコンバインドサイクル発電（ガスタービンと蒸気タービンを組み合わせた二重の発電方式）と石炭火力発電の技術革新に注目が集まっている。

三菱日立パワーシステムズ（ＭＨＰＳ）はオランダで手がけた天然ガスによるコンバインドサイクル発電所の3系列のうちの1系列を25年までに100％水素専焼に切り替える。

具体的には、ノルウェーから海底パイプラインを通じて送られてくる天然ガスを改質し製造した水素を発電用に燃焼する。改質の過程で発生したＣＯ2は回収・貯留する。これらによって、年間約130万トン発生していたCO2のほとんどを削減できるという。将来は洋上風力発電の電力を基にしたCO2ゼロの「グリーン水素」を使用する。

同社は米国のユタ州の電力会社からも、水素を利用したガスコンバインドサイクル発電（84万キロワット）の設備を3月に受注した。こちらは25年に水素混焼30％で運転を開始し、45年までに水素100％に切り替える。再エネ電力で製造したCO2ゼロの水素は、地下の岩塩洞窟に貯留する。水素エネルギーで発電した電力は送電線を通じてロサンゼルス市に供給する。

水素発電の導入に際しては、水素と空気を混ぜて燃やす燃焼器の開発が焦点だ。高温で燃やした場合、空気と反応して発生する窒素酸化物（NOX）をいかに抑えるかが重要だという。フラッシュバック（逆火）や燃焼振動といった機器を傷める現象をいかに抑えるかも課題で、MHPSはトラブルを起こしにくい新タイプの燃焼器の開発を進めている。

水素エネルギー部門を統括するMHPSの谷村聡技監は「オランダや米カリフォル

ニアの住民は環境意識が高い。当社の高い技術力とコスト競争力の両面が評価されている」と胸を張る。

水素そのものではなく、水素と窒素を結合したアンモニアを発電用燃料として利用する方法の開発も進む。この分野でリードしているのがＩＨＩである。

同社は1万キロワットの微粉炭ボイラー方式の石炭火力発電所で２０％のアンモニア混焼に成功し、約２０％のＣＯ２削減を達成した。アンモニアの短所としては、着火温度が高いこと、燃焼速度が遅く燃えにくいこと、燃料中の窒素分でＮＯＸが発生しやすいことが指摘されている。ＩＨＩは燃焼器を改良することでそうした課題を克服し、「従来と同程度のＮＯＸ発生にとどめることに成功した」（須田俊之・事業開発部ビジネス創成グループ部長）。

２０２０年3月、ＩＨＩはＪＥＲＡ、丸紅、豪州の企業と、石炭火力発電所でのアンモニア混焼に向けたフィージビリティ・スタディ事業で合意した。ＮＥＤＯの委託事業として、設備費、運転費、アンモニアの製造・輸送コストを勘案した経済性を検討する。

アンモニア燃料の可能性

アンモニア燃料は最近、一段と期待が高まっている。

グリーンアンモニアコンソーシアム代表理事の村木茂氏（元東京ガス副会長）はアンモニア燃料の優位性を次のように解説する。

「アンモニアは燃やしてもCO2を発生させないうえ、体積当たりの水素含有量が大きく、海上輸送に適している。また、肥料の原料として世界で多く生産されており、コストも明確だ。さらに、安全性に関するガイドラインも整備されている。劇物ではあるが、工場や発電所など管理されたエリアで使われるのであれば問題ない」

アンモニアはマイナス33度で液化するため、液化石油ガス（LPG）の設備を活用できる。

最近は、船舶燃料としての活用で注目が高まる。国土交通省や日本船舶技術研究協会などが3月にまとめた「国際海運のゼロエミッションに向けたロードマップ」は、船舶燃料が50年に向けて、従来の重油などの石油系燃料からLNG（液化天然ガス）

およびカーボンリサイクルメタン、あるいは水素およびアンモニアのいずれかに切り替わるシナリオを示した。このうち「水素・アンモニア燃料拡大シナリオ」では、50年時点で国際海運の消費エネルギーの約45％を水素またはアンモニアで賄うことが想定されている。アンモニアを燃料とする船舶エンジンの開発も進められており、この分野では欧州企業が先行している。

このように、水素といっても、再エネ由来の「グリーン水素」だけでなく、天然ガスから改質したうえで、CO2の回収・貯留とセットにした形でゼロエミッションを達成する「ブルー水素」など、さまざまな形態のものがある。

また、アンモニアやMCHは輸送が容易だが、MCHは水素に戻す過程で大量の熱を必要とする。アンモニアも、燃焼温度が低いため、大規模なガスコンバインドサイクル発電での利用は難しい。

水素や、水素を原料とした次世代燃料には一長一短がある。脱炭素社会は、一つひとつの課題への地道な取り組みとともに、ブレークスルーを経て初めて実現する。

（岡田広行、大塚隆史）

■エネルギーをためられる水素に大きな将来性

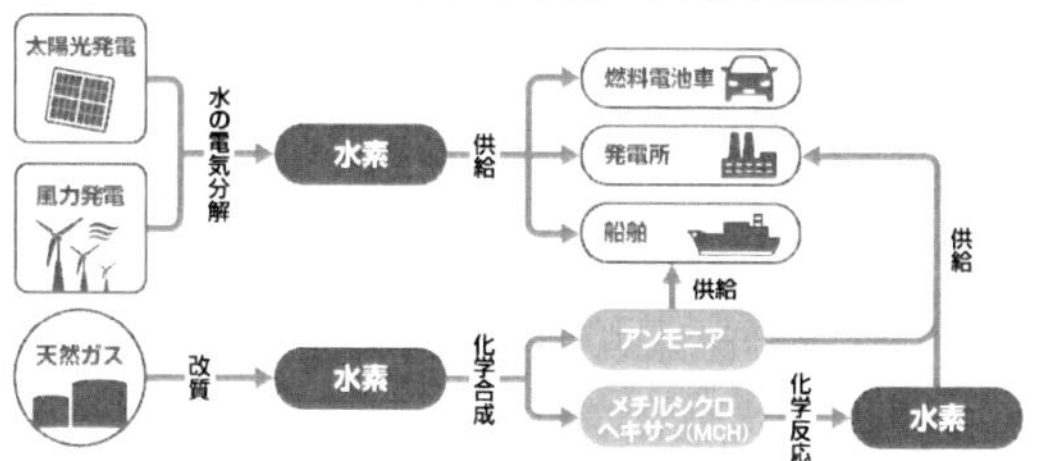

欧州が野心的な水素戦略に着手した

欧州の水素戦略が野心的だ。

欧州連合（EU）の欧州委員会は2020年7月8日、「気候中立の欧州のための水素戦略」を明らかにした。

水素製造に必要な水電解装置の能力を4000万キロワット以上に引き上げ、2030年までに「再生可能水素」を年1000万トン規模に拡大する。

日本が17年12月に策定した「水素基本戦略」は、30年の国内外の調達目標が年30万トン程度。その30倍以上を目指し、大規模な投資を呼び込む。

再生可能エネルギー由来の水素製造を後押しするのが、大規模な洋上風力発電の電力を利用した水素製造プロジェクトだ。英国やドイツ、オランダなどでプロジェクトが具体化しつつある。石油メジャーの英蘭シェルは、オランダのガス大手などとともに洋上風力発電の電力を利用した、世界最大規模のグリーン水素プロジェクトを立ち上げる。

安価な再エネが後押し

ＥＵの事情に詳しい日本エネルギー経済研究所のカン・スチョウ主任研究員は、ＥＵの水素プロジェクト本格化の理由を次のように説明する。

「ＥＵは５０年の温室効果ガス排出ゼロ目標に向けて動き出している。電化の難しい分野で、化石燃料の代替として水素が注目されている。洋上風力など再エネ導入が活発で、発電コストが大きく低下していることもある。安価になった再エネ電力を用いることで、グリーン水素の大量生産が可能になる」

ＥＵ域内の天然ガスの送ガス企業を糾合したグリーン水素プロジェクトも始まった。取りまとめ役を担う仏ソラドベント創業者のティエリー・ルペック氏は、欧州に張り巡らされたガスパイプラインの活用がカギを握るとみる。

ルペック氏によれば、「化学や製鉄などの産業分野や発電などでグリーン水素へのニーズが高まっている」という。

「メガソーラーの電力を用い、大規模な水電解装置でグリーン水素を大量に製造し、欧州に張り巡らされたガスパイプラインを通じて肥料などの産業分野や発電所に水素を売り込む。スペインを皮切りにフランスなどへビジネスを広げ、化石燃料と同等の価格を、補助金なしで実現させる」と、ルペック氏は意気込む。

脱炭素化が加速する欧州で、水素ビジネスの熱気が高まっている。

「現実味乏しい電源構成は実態に即した見直しを」

国際大学大学院教授・橘川武郎

脱炭素化への潮流が強まる一方、日本のエネルギー政策の混迷が一段と深まっている。改革をどう進めるべきか、国内外のエネルギー事情に詳しい橘川武郎・国際大学大学院教授に聞いた。

――経済産業省が7月1日に開催した審議会では、今後のエネルギー政策のあり方について約10カ月ぶりに議論が行われました。

私はメンバーとして参加したが、原子力について、経産省の「やる気の乏しさ」が目立った。原子炉のリプレース（建て替え）は検討課題に挙げておらず、2030年度の原子力の電源構成目標をどう達成するかについても具体性がない。21年夏までに現行のエネルギー基本計画の見直しに着手するというスケジュールが示されたが、法律で定められたぎりぎりのタイミングまで引っ張っている。経産省は本音では議論を始めたくないのではないか。

50年目標の具体的議論を

――30年度の電源構成において、原子力は発電電力量の20～22%を担うことが現行のエネルギー基本計画で定められています。

達成は無理だ。原子力規制委員会による審査や再稼働の状況を見る限り、どんなに多くても15%がいいところで、現実には10%を切る可能性もある。そうなると30年度に13年度比で温室効果ガスを26%削減するという国際公約の達成には、原子力と並ぶゼロエミッション電源である再生可能エネルギーの比率を30%くらいまで引き上げなければならない。エネルギー基本計画における再エネ目標は22～

24％だから、上方修正が必要だ。

石炭火力について、経産省は非効率な設備のフェードアウトを促すとしており、現行目標である26％を下回る20％程度に着地するのではないか。その場合、LNG（液化天然ガス）火力を目標の27％から33％程度に引き上げなければつじつまが合わない。このように見ても、エネルギー基本計画と現実との間には大きな乖離がある。

――さらに先の将来を見据えた議論や目標設定の必要性は。

経産省は嫌だろうが、50年目標について議論を始める必要がある。日本は50年に温室効果ガスの80％を削減する大ぐくりの目標を示しているが、50年時点の電源については再エネの割合が50％、原子力は10％、残る4割が火力というのが現実的なイメージだと考えられる。その場合、温室効果ガスの排出を限りなくゼロに近づけるには、火力はすべてにおいてCCS（二酸化炭素の回収・貯留。海外での削減分の算入も含む）付きでなければならなくなるだろう。

一方で、炭素税など「炭素の価格付け」を導入し、ガソリンや都市ガスといった化石燃料から電力へのシフトを進めるシナリオも考えられる。この場合、電力需要が大幅に増加し、電源の再エネ比率は80％程度に達する。発電量が気象条件などに左右される変動電源の比率が高まり、系統運用面での諸制約の克服が必要になる。石油元売り会社や都市ガス会社は今の形態では存続できず、水素などゼロエミッション燃料へのシフトで生き残る道を探らざるをえない。いずれのシナリオでも、エネルギー企業は厳しい構造転換を迫られる。

（聞き手・岡田広行）

橘川武郎（きっかわ・たけお）
1951年生まれ。東京大学教授、一橋大学教授、東京理科大学教授を経て4月から現職。経済産業省・総合資源エネルギー調査会委員。

東電と東ガスが真っ向勝負

電力やガスといったエネルギーのインフラが、近年とくに求められるのは「低炭素」とともに「災害に強い」ことだ。その最前線で東京電力と東京ガスが真っ正面からぶつかり合っている。

森ビルが2003年に開業した日本有数の超高層ビル「六本木ヒルズ森タワー」の電力供給を担っているのは東ガス。ビル内の電力のすべてを賄えるガスコージェネレーション（熱電併給）システムが威力を発揮し、11年の東日本大震災時に停電を免れたことは広く語り継がれている。

ところが、東ガスが独壇場としてきたガスコージェネを用いたエネルギービジネスで、後発の東電が攻勢を強めている。

舞台は同じ森ビルが進める東京・虎ノ門地区の再開発だ。エネルギーの提案で東ガスに打ち勝った東電が、ガスコージェネの導入を含むエネルギーシステム構築に関する受注を獲得した。

20年1月竣工の「虎ノ門ヒルズビジネスタワー」。地上36階建ての超高層ビルの地下に、ガスコージェネシステム（出力1000キロワットのガスエンジン発電機2台）やターボ冷凍機、4100立方メートルの巨大な蓄熱槽が据え付けられている。

今後想定される首都直下地震などの大規模災害時でも、電力の供給を維持し、1000人の帰宅困難者をビル内に受け入れられるという。二酸化炭素（CO2）の排出も、従来の一般的な熱供給プラントと比べ約20％削減できる。

東電が虎ノ門で攻勢

東電は虎ノ門で次世代型エネルギービジネスを加速する。

東電グループの小売販売子会社である東京電力エナジーパートナーは、森ビルと共同でエネルギー供給会社「虎ノ門エネルギーネットワーク」を設立。虎ノ門エリアの再開発ビル・マンションに電力や熱を供給する。その第1号が虎ノ門ヒルズビジネスタワー地下のガスコージェネ設備だ。同タワーのそばに位置する虎ノ門1・2丁目地区と虎ノ門・麻布台地区にも今後ガスコージェネ設備を導入する。計3カ所の総容量は1万6400キロワットに達する。

とはいえ、これらのエリアでは通常の電力供給は東電の広域系統が主体。六本木ヒルズが電力の100%を自前で賄えるのとは異なる。虎ノ門ヒルズビジネスタワーと虎ノ門1・2丁目地区を合わせたエリアでガスコージェネが賄う電力は年間約20%。夏場のピーク時を中心にガスコージェネを運転する。虎ノ門・麻布台地区も同25%程度にとどまる。

一方、大規模災害時に系統から電力供給が途絶えた場合には、ガスコージェネ設備が威力を発揮し、ビルの機能を維持する。

虎ノ門エネルギーネットワークの中島慶治社長は、「環境性とレジリエンス(強靱性)の両面でベストを追求した」と話す。

また、虎ノ門・麻布台地区では、東電グループの送配電子会社である東京電力パワーグリッドが、電力自営線の敷設など送配電設備の設計・施工・保守や、スマートメーターの設置・自動検針といった特定送配電サービスの業務を担う。災害時にも東電パワーグリッドが速やかに対応する。同社の担当者は、「品質において世界最高レベルの電力サービスを低コストで実現する」と意気込む。

ガスコージェネシステムの導入による大規模な熱電併給ビジネスは、これまで東ガスの独壇場だった。だが、今回の虎ノ門エリアのプロジェクトでは、初めて東電グループが受注をさらった。その衝撃は大きく、東ガスの内田高史社長は「提案したエネルギー価格の面で勝てなかった」と振り返る。

東電エナジーパートナーの秋本展秀社長は「今まで培ってきた省エネや防災に関する知見を凝縮して提案できた。モデルケースになる」と胸を張る。

東ガスは工業団地を開拓

東ガスも負けてはいない。

栃木県宇都宮市の清原工業団地で2月、東京ガスエンジニアリングソリューションズ（TGES）が構築した「スマートエネルギーネットワーク」が稼働した。

共同組合を設立して清原工業団地スマエネ事業に参加したのは、TGESのほか、カルビー、キヤノン、久光製薬の3社。工業団地内に電力自営線および熱導管を敷設し、エリア内の7つの工場や研究施設などに電力と熱を供給する。TGESの担当者は、「異業種の企業が立地する内陸型の工業団地で、分散型システムによるエネルギー供給を行うのは全国初だ」と解説する。

環境性能も優れている。「大型で高効率のガスコージェネを導入することにより、従来と比べCO2の約20％削減を達成できる」（東ガスの内田社長）。また、耐震性に優れた鋼鉄製の中圧ガス導管から天然ガスを供給することで、大地震などの大規模災害時にもガス供給がストップすることはないという。効率を高めるために独自に開発した制御技術も導入した。

ガスコージェネの総出力は3万4620キロワット（5770キロワットのガスエ

ンジン発電機6台）と大きく、必要とされる電力のほぼ全量を賄うことができるという。万が一、災害時に近隣エリアで停電が起きたとしても、スマエネ事業のエリア内では電力を自前で賄える。

東ガスとTGESはこれまで、東京の田町や日本橋での再開発で、ガスコージェネを核にした次世代型のエネルギー事業を展開していた。さらに今回は工業団地という新たな市場を開拓した。

「東日本大震災のときには、宇都宮地区全域で停電が発生した。その後も1～2週間、計画停電が続いた。午前中しか電力が来ない日もあった。それが今回の取り組みにより停電リスクがなくなることの意義は大きい」

2月6日、記者会見に臨んだキヤノンの武石洋明常務執行役員はそう期待感を表明した。

災害時にも電力やガスが途絶えない強さと、CO2削減の両立を求める企業は増えている。東電と東ガスの競争がさらに熾烈になるのは間違いない。

（岡田広行）

「水力と洋上風力を柱に数兆円の投資を実施へ」

東京電力リニューアブルパワー社長・文挾誠一

東京電力ホールディングスは再生可能エネルギー事業を分社化し、20年4月「東京電力リニューアブルパワー」が事業を開始した。エネルギーの脱炭素化に向け、再エネに本格投資する。

――コロナ禍で化石燃料の価格が下落していますが、再エネ投資への逆風になりませんか。

気候変動問題を克服するうえで、脱炭素化の流れは変わらない。再エネ開発は停滞せず続くとみており、当社も投資のスピードを緩めることはしない。

――分社化した理由は。

1つの会社組織にすれば、責任を伴う一方、スピーディーに物事を決められる。また、資金調達の必要性もあることから分社化を決めた。当社は2030年代前半までに、国内外で600万～700万キロワット程度の再エネ電源を新規開発し、1000億円の利益を創出することを目指している。その場合の投資は数兆円規模になる。

水力で700億円の利益

――具体的にどのような戦略を描いていますか。

柱の1つとして、現在保有している水力発電資産の価値を高めたい。デジタル技術を駆使し、現在約10%ある水力発電でのロスを徹底して減らしたい。また、水車などの設備更新により、年数の経過した設備の発電電力量を増加させる「リパワーリング」を推進する。

水力発電は海外展開も進めていく。これまで培ってきたノウハウで、200万～

300万キロワット規模の開発を進める。新規建設のみならず、既存の発電資産を購入し、運用の最適化などを通じて価値を高める。1000億円の利益創出のうち、既存の水力で約400億円、中小水力のリパワーリングで約150億円、海外の水力で約150億円と想定している。

――洋上風力発電にも力を入れますか。

国内の洋上風力発電で約200億円、海外で約100億円の利益創出を目指している。国内では千葉県銚子沖での事業展開を目指し、世界で最も洋上風力発電の実績があるデンマークのオーステッド社と合弁会社を設立した。同社からのノウハウ吸収も狙いの1つだ。現在、入札に向けて準備を進めている。秋田県沖でも住友商事と連携して参入を目指している。

――事業化に向けての展望は。

銚子沖に関しては、今夏から発電事業者の公募プロセスが始まる見通しだ。そこに向けて事業コストの低減や環境対応、地元の方々との共生のための取り組みなど、準備を進めている。風力発電設備は年々大型化しており、どのメーカーのどの機種を、どのようにレイアウトするのが最適であるか、見極めていく。行政の側でも、重量物を運ぶための専用船が着岸できる港の整備が進められていくだろう。

――東電グループにとって、再エネに力を入れる意味は。

福島で原子力発電所事故を起こした責任を全うするためには、グループとしての価値を上げなければならない。そのためには、廃炉事業の推進とともに、「経済事業」においで利益をしっかりと稼ぐ必要がある。そうした中でも、成長分野である再エネ事業への期待は大きい。

（聞き手・岡田広行）

文挾誠一（ふばさみ・せいいち）

1960年生まれ。東京都立大学卒。東京電力入社後、経理部、茨城支店水戸支社長、執行役員経営企画本部事務局長、副社長などを経て2020年4月から現職。

INTERVIEW

「日本企業も脱炭素に本腰　電力に投資呼び込む必要」

日本経済団体連合会会長・中西宏明

日本経団連は2020年6月、脱炭素化実現に向けた新プロジェクト「チャレンジ・ゼロ」（チャレンジ　ネット・ゼロカーボン　イノベーション）の取り組みを開始した。経団連の呼びかけには130を超える企業や団体が賛同し、脱炭素化に向けた技術革新に挑戦する。

――チャレンジ・ゼロは、どのような問題意識に基づいて打ち出したのでしょうか。

日本経団連はかねて日本のエネルギーシステムについて問題提起をしてきたが、そのことに加えて、気候変動問題の深刻化がきっかけになった。

2019年、米国や豪州など世界中で山火事が相次ぎ、欧州では熱波で40度を超えた日もあった。世界中で気候変動に対する危機感が今までになく高まっている。

しかし、日本には難しい事情がある。「石炭の利用をやめるべきだ」と言われても、いきなりそれをやったら電力の供給が止まってしまう。脱炭素化を進めるには、トランジション（移行）というコンセプトをしっかりと明示する必要がある。そのカギとなるのが、従来の技術の延長線ではないイノベーションの実現だ。

そのためにも、企業はここまでやるということを宣言しようではないか、と呼びかけた。そうすれば政府も政策の具体化に動くはずだと考えた。

幸いにも賛同する企業が多い。しかも1社で4つも5つも、場合によっては10個もプロジェクトの候補を掲げてくれた企業もある。実現には時間もお金もかかるが、官民の総力を挙げて日本のエネルギー問題と環境問題の解決に取り組みたい。

――脱炭素化の取り組みでは欧州が先行しています。新型コロナウイルス感染拡大後も経済復興と脱炭素化の両立をにらんだ「グリーンリカバリー」政策を打ち出し、世界の先頭を走っています。それに対して日本は各企業が優れた技術を持っていながら、十分に展開できていない印象があります。

私もかなりの頻度で欧州と対話をしている。彼らは苦労しながらも、脱炭素化に真正面から取り組んでいる。すべてがうまくいっているわけではないし、エネルギーについては国ごとに事情も違っている。ただ、各国の連携が進んでいるのは確かだ。とくに電力網の整備を進め、再生可能エネルギーへの投資をうまく呼び込んでいる。その点はすごいと思う。

電力消費の拡大が必要

―― 脱炭素化に向けて日本のエネルギーシステムを改革していくうえで、どのような課題がありますか。

技術開発を進め、その成果を社会に実装していくには、投資が必要だ。ところが、日本のエネルギー関連の投資はむしろ細っている。投資が起こる仕組みを作らないといけないが、簡単ではない。

――エネルギー関連の投資が起こりにくい理由とは?

電力システムの歴史が特異だからだ。第2次世界大戦後、電力各社が地域独占で発電から送配電、小売りまで一貫してやってきた。電力の自由化、電力システム改革により、旧来のシステムのかなりの部分が変わったといわれながらも、根幹はまだしっかりと残っている。本当の意味での市場が形成されていない。

――電力業界ではこの4月に発電と送配電が分離されました。しかし、現在は同じ資本の下に発電と送配電事業を置いています。さらに改革を進めるべきでしょうか。

一律にこうすべきだとは言えないが、電力系統を地域ごとに分割しておく意味はほとんどない。とくに再エネについては、発電の適地と消費地が離れており、両者を結ぶ送電線の容量が十分でない。これまでに経済産業省は改革を進めてきたが、なかなかうまい具合に物事が進んでいない。

電力への投資を呼び込むには、電力需要の拡大も必要だ。日本の電力使用量は新型コロナウイルスパンデミックの以前から漸減傾向にある。省エネルギーの取り組みは進んでおり、LEDランプ光源の普及率では世界トップクラスだ。また電力料金が相対的に高いことから、電力の多消費型産業が国外に出ていってしまったこともある。マーケットが縮小する中で、投資を呼び込むのは難しい。投資を促すには電力の消費量を増やさないといけない。

――そのカギは何でしょうか。

ＩＴと電気自動車（ＥＶ）だ。ＩＴで重要なのがデータセンターだ。空調のために電力の６割を消費している。データセンターへの投資をもっと増やすためには、電力料金を下げていかないといけない。データセンターを使用する企業には再エネ電力で動かしたいというニーズもある。

ＥＶも電力需要を増やすうえで、大きなインパクトがある。ＥＶは大きなバッテリーを抱えており、（分散型電源として）バーチャルパワープラント（仮想的な発電所）の役割も担うことができる。

２０２１年にはエネルギー基本計画の改定議論に着手する期限を迎えるが、そこに合わせて、電源構成のあり方や、日本の電力消費の活性化策について、きちんと政策対応するように促していきたい。

電力業界の将来を憂慮

――脱炭素化を進めていくうえで、CO_2の排出量に応じて課税する炭素税などのカーボンプライシングを導入すべきだという意見もあります。

日本は資源がほとんどないので化石燃料や電力料金などエネルギーコストが欧米や他地域と比較して高い。そのうえに炭素税を課してエネルギーコストをさらに高くしてしまうと、産業の基礎体力を低下させかねない。課税収入を国が集めて投資に結び付けるといっても、そううまくはいかないのではないか。炭素税などカーボンプライシング導入の是非については国の事情を考慮すべきだ。

――中西さんはかねて原子力発電のあり方に危機感を持ち、意見を述べています。

世界では今、ものすごく大きな変化が起こっているが、日本はいまだに福島原発事故の呪縛にとらわれている。原子力は再稼働に必要な安全対策投資が膨大な額に膨れ上がっており、再稼働がうまく進んでいない。政府が定めた30年度の電源構成目標の達成も困難だ。

この先10年もしたら、（膨大な未稼働設備を抱え込み、そのことが）電力会社の経営そのものをおかしくしてしまうのではないかと危惧している。それは日本の産業の基礎体力をむしばむことにもなる。私はそうした問題意識を持っており、近く開催予定の政府の「未来投資会議」で、原子力のあり方について問題提起をしたい。

（聞き手・岡田広行、冨岡　耕）

中西宏明（なかにし・ひろあき）
1946年生まれ。70年東京大学工学部卒業後、日立製作所入社。常務、専務を経て2005年日立グローバルストレージテクノロジーズ会長兼CEO、10年日立製作所社長、14年会長。18年5月から経団連会長。

【週刊東洋経済】

本書は、東洋経済新報社『週刊東洋経済』2020年8月1日号より抜粋、加筆修正のうえ制作しています。この記事が完全収録された底本をはじめ、雑誌バックナンバーは小社ホームページからもお求めいただけます。

小社では、『週刊東洋経済 eビジネス新書』シリーズをはじめ、このほかにも多数の電子書籍ラインナップをそろえております。ぜひストアにて「東洋経済」で検索してみてください。

『週刊東洋経済 eビジネス新書』シリーズ

No.324　お墓とお寺のイロハ

No.325　マネー殺到！　期待のベンチャー

No.326　かんぽの闇　保険・投信の落とし穴

No.327　中国　危うい超大国

No.328　子どもの命を守る

No.329　読解力を鍛える
No.330　決算書&ファイナンス入門
No.331　介護大全
No.332　ビジネスに効く健康法
No.333　新幹線 vs. エアライン
No.334　日本史における天皇
No.335　EC覇権バトル
No.336　検証！ NHKの正体
No.337　強い理系大学
No.338　世界史&宗教のツボ
No.339　MARCH大解剖
No.340　病院が壊れる
No.341　就職氷河期を救え！
No.342　衝撃！ 住めない街

No.343　クスリの罠・医療の闇
No.344　船・港　海の経済学
No.345　資産運用マニュアル
No.346　マンションのリアル
No.347　三菱今昔　150年目の名門財閥
No.348　民法&労働法　大改正
No.349　アクティビスト　牙むく株主
No.350　名門大学　シン・序列
No.351　電機の試練
No.352　コロナ時代の不動産
No.353　変わり始めた銀行

週刊東洋経済eビジネス新書　No.354
脱炭素 待ったなし

【本誌（底本）】
編集局　岡田広行、中村 稔、大塚隆史、山田雄大、岸本桂司
デザイン　佐藤優子、杉山未記、熊谷真美
進行管理　下村 恵
発行日　2020年8月1日

【電子版】
編集制作　塚田由紀夫、長谷川 隆
デザイン　大村善久
制作協力　丸井工文社
発行日　2021年1月25日　Ver.1

発行所　〒103-8345
東京都中央区日本橋本石町1-2-1
東洋経済新報社
電話　東洋経済コールセンター
03（6386）1040
https://toyokeizai.net/

発行人　駒橋憲一

電子書籍化に際しては、仕様上の都合などにより適宜編集を加えています。登場人物に関する情報、価格、為替レートなどは、特に記載のない限り底本編集当時のものです。一部の漢字を簡易慣用字体やかなで表記している場合があります。本書は縦書きでレイアウトしています。ご覧になる機種により表示に差が生じることがあります。

本書に掲載している記事、写真、図表、データ等は、著作権法や不正競争防止法をはじめとする各種法律で保護されています。当社の許諾を得ることなく、本誌の全部または一部を、複製、翻案、公衆送信する等の利用はできません。

もしこれらに違反した場合、たとえそれが軽微な利用であったとしても、当社の利益を不当に害する行為として損害賠償その他の法的措置を講ずることがありますのでご注意ください。本誌の利用をご希望の場合は、事前に当社（TEL：03－6386－1040もしくは当社ホームページの「転載申請入力フォーム」）までお問い合わせください。

※本刊行物は、電子書籍版に基づいてプリントオンデマンド版として作成されたものです。